古典洋裝全圖解

莉蒂亞‧愛德華／著　　張毅瑄／譯

鯨骨、臀墊、寶塔袖，深度解密的絕美華服史

How to Read a Dress

A Guide to Changing Fashion from the 16th to the 20th Century

—— Lydia Edwards ——

古典洋裝全圖解

鯨骨、臀墊、寶塔袖
深度解密的絕美華服史

目次

致謝

完成這本書的過程中我受到許多人幫助,我對他們懷有深深的謝意與感激。首先我要感謝我的編輯安娜・萊特(Anna Wright),她一直以來提供的專業意見、支持與忠告對我來說是無價之寶。我還要謝謝法蘭西絲・阿諾德(Frances Arnold)在我寫作最後幾個月給予回饋,她不僅幫了大忙且對我甚有鼓勵。編輯助理雅莉安妮・高德溫(Ariadne Godwin)也在整個過程中提供有用的指引和資訊,我非常感謝她。

有幾間博物館與幾個學會大方提供時間與專業知識,並讓我使用它們美麗的藏品。我在此要特別感謝史賓斯堡大學時尚博物館與檔案館的凱琳・波列克(Karin Bohleke)給予我的詳細指點、建議、回饋及友誼。瑪莉・威斯特(Mary West)與斯旺・基爾福德歷史學會團隊慷慨花費許多時間與心力在這項計畫上,允許我使用某些珍稀的美麗衣物。雪梨動力博物館的葛琳妮絲・瓊斯(Glynis Jones)提供我接觸這些衣物的第一手經驗以及豐富專業知識。我還要感謝洛杉磯郡立美術館的凱伊・史匹克爾(Kaye Spilker)和魁北克麥科德博物館的所有人。

我丈夫亞倫・羅伯珊(Aaron Robotham)給我無盡的建議與支持,且他拍下的美麗照片是本書不可或缺的一部分,對此我只有愛與感謝。我也要對我最棒的父母克里斯(Chris)和茱麗亞(Julia),以及親愛的朋友露易絲・休斯(Louis Hughes)、安娜・惠帕夫(Anna Hueppauff)、麗茲・馬那靈(Liz Mannering)、妮娜・列維(Nina Levy),以及蘇珊・艾許(Susan Ash)和愛麗絲・艾許(Alice Ash)表達我的愛與謝意。

最後我要感謝佐利斯(Tsoulis)、惠帕夫、列維與凱斯廷(Kästing)家族慷慨允許我使用他們珍貴的家族照片檔案。

序

　　和一般人想像的不一樣，洋裝的演化故事並非輕易可知。書本和文章常選擇集中討論一個較窄的領域，例如某個特定時代或風格，還有一些採取較宏觀的政治社會分析角度，研究洋裝如何被修改、被塑造來符合當時要求。世界各地博物館的驚人館藏讓許多研究者與業餘愛好者能取得珍貴第一手資料，但其中大部分都不可避免地有所受限，其中最主要包括空間、資源、經費，還有一個更確切的因素，那就是在任何一段時間內公開展出大量服裝的必要性（考慮租金或文物保存需求之下）。因為這些原因，訪客大概不可能直接看到依照年代排列完整不間斷的各種服飾風格，親眼觀察基本造型與小細節的變化過程，藉此獲得對於服裝如何演化（這裡的「演化」不是比喻）的整體印象。這就是本書的首要目的，意欲帶領讀者走過西方世界女裝時尚裁縫歷史，每章探索數十年為一期的時段，從1550年一直走到1970年。1550年之前存留下來的服裝太過稀少難得，因此這個年代被採用為本書起點，但目前也有許多出版物詳細討論這一年之前的洋裝，如寧雅・米海拉（Ninya Mikhaila）和珍恩・馬康─戴維斯（Jane Malcolm-Davies）的《都鐸裁縫》（*The Tudor Tailor*）一書中就以專業知識重建早期服裝，並介紹都鐸時代洋裝的深厚背景，引導到本書第一章所探討的時代。珍奈特・阿諾德（Janet Arnold）備受讚譽的《時尚範式》（*Patterns of Fashion*）系列以討論《男女裝剪裁與結構：約1560到1620年》（*The Cut and Construction of Clothes for Men and Women c.1560-1620*）為開頭，內容涵蓋16世紀，討論現存的當時骨董服裝，非常值得推薦作為進一步閱讀的資料。

　　書中有的例子來自藝術作品，但更主要的是來自世界各地某些最著名和不那麼著名的博物館中保存下來的藏品，這些例子能教導讀者如何「解讀」一件洋裝的細節，以及對這件洋裝應當有什麼樣的預期，由此鍛鍊出一雙訓練有素的眼睛，更增欣賞展品時的樂趣。本書某些例子使用的是繪製的圖像，但只有在找不到完整實例的情況下才會這樣做，這問題在處理16到17世紀早期服飾時特別嚴重，因為保存下來的常只有一件衣服的一小部分。如果把圖畫當成可靠的史實指標，這可能也會造成混淆，讀者應認清它們既有限制也能有極大助益。肖像畫之所以不能作為可靠證據，原因之一可見於以下數例：首先請看彼

約瑟・B・布雷克本[1]
〈約翰・皮高特夫人像〉
約1750年
洛杉磯郡立美術館

彼得・萊利
〈樸茨茅斯女公爵露薏絲・
德・克魯阿爾〉
約1671到1674年
帆布油畫，125.1 x 101.6 cm
洛杉磯蓋帝博物館

得‧萊利（Peter Lely）[2]的〈樸茨茅斯女公爵露薏絲‧德‧克魯阿爾〉（Louise de Kerqualle, Duchess of Portsmouth, 1671-1674），女公爵身上衣裝是所謂的「時尚便裝」（fashionable undress），也就是輕便薄透的「家居」服飾，這種服裝代表一種閒散生活，因此社會上層人士喜歡穿這樣來讓肖像畫家作畫。畫中衣服以別針別出形狀，雖然髮型與其他飾品有助於將作畫年代定位於某個廣泛期限，但實際上這種「便裝」一直到18世紀都長得一模一樣。同頁另一張畫像中約翰‧皮高特夫人（Mrs. John Pigott）的洋裝比較類似一般外衣那樣依照人體身材剪裁，但寬而低的低胸露肩領與寬鬆不成形的袖子，仍讓這件衣服必須被劃歸「便裝」一類。

讀者從本書可以習得一項技巧，辨認出數百年來中下層、甚至勞工階級女性洋裝如何學習並改造高級時尚細節，並利用這技巧自行探索時尚歷史。本書各章介紹的衣物來自澳大利亞、英國、加拿大、美國、義大利和捷克斯洛伐克的美術館；之所以選擇這些例子，是因為它們能呈現廣義西方地理區域的時尚發展，重點擺在歐洲、美洲、澳大拉西亞（Australasia）的流行，藉以展現一個清晰且有本末主從的整體概覽。書中某些洋裝與套裝，也就是出自澳大利亞小型館藏的藏品，在此首度登上出版物，包括斯旺‧基爾福德歷史學會（西澳州）與新南威爾斯州曼寧谷歷史學會的收藏。這些都是重要的例子，它們呈現殖民地社會如何以不死板的方式採用歐洲時尚並時常加以修改。以更宏觀的角度來說，我們不應只透過歐洲人的視角去看時尚發展，而應該去認識其他對於流行產生重大影響的國家。本書盡可能引用第一手資料來突出某些流行趨勢受重視的程度，以及其他一些流行現象的獨特性；這些資料包括當代報章雜誌、書籍，以及戲劇評論等等。

鞋子、帽子、包包、扇子，諸如此類飾品的流行趨勢也會在分析洋裝本身時一併加以討論（特別是某些飾品成為整體搭配風格不可或缺的一部分時）。話說回來，既然本書標題是《古典洋裝全圖解》，內容基本就是在講洋裝這種衣服，也就是歷史上女性在不同時代穿來包覆身體的衣物。本書重點是要點出歷史上那些關鍵性的轉變，包括緊身上衣與裙子的剪裁、整體審美態度、衣物上的繡飾，以及許多創新發明。本書並不企圖涵蓋一切，內容大致在這個主題範圍之內，但同時也試圖強調洋裝這種特定服裝在結構上與裝飾上的轉變。當時尚變得愈來愈多樣化，洋裝不僅不再是女性唯一選擇，甚至也不再具有最高的代表性；若有需要，本書也會以一件大衣或一套套裝來作例子，只要這個例子能夠呈現那個歷史時點中洋裝的整體發展情形。設計師愛爾莎‧夏帕雷利（Elsa Schiaparelli）[3] 在1936年這樣說：「我幾乎隨時隨地都穿套裝，我愛套

裝，它們在各方面都很實用。對於那些總是想要穿著得體但預算有限的職場女孩，我的忠告就是：買一件好套裝，穿它穿到天荒地老。」[4]

本書後面幾章內容並不限於上層階級著裝，上段引文也能展現這種態度。雖然缺乏保存下來的實例，但我們從圖像與文字記載裡可知道勞工婦女確實想在衣著上模仿當代流行要素，即便只有一點點也好；至於那些負擔得起的人會花錢做一件「上好的」洋裝，盡可能仿照時尚插畫與有錢人身上穿著的風格。既然現存骨董服飾絕大多數出自富人階層，而這些衣服最能代表當時時尚所追求的理想，因此它們也就提供我們對古典洋裝主要的知識與欣賞樂趣；本書主要採用的圖例都是這類衣物（除了少數例外），只有到書中討論年代進入20世紀以後情況才改變。

本書涵蓋的年代止於1970年，因為我們或許可說在此之後洋裝便不再是女性的時尚衣著首選，而成為許多選項其中之一。「選擇」的能力是此處關鍵，正如歷史學家貝蒂‧魯瑟‧希爾曼（Betty Luther Hillman）所說：「女性的解放不在於她實際上決定穿什麼，而在於她知道她可以做選擇。」[5]縱然洋裝與裙子仍是1970年代女性標準服飾，但她們知道長褲與短褲是社會所接受且視為時髦的另一種打扮風格，因此她們與洋裝的關係某種程度而言也就更富變化。除此之外，兩性皆可穿的衣物在1960年代與70年代明顯出現進展，莎莎嘉寶（Zsa Zsa Gabor）[6] 在1970年寫道：「現在是女性穿出自己獨特性格的無與倫比好時機……年輕人覺得，很多成年人對中性服飾的反應很大驚小怪……他們說，『好可怕！根本看不出差別。』我說，別擔心，他們絕對看得出來差別。」[7]

時尚演化是一個如此複雜多樣的課題，我們自然不可能在單獨一本書裡說到每一個要素；本書要做的是介紹1550到1970年之間一些最重要也最好認的女裝風格，並提供讀者辨識區分它們的訣竅。這樣的知識在參觀服飾展時頗有助益，也讓人更能欣賞與理解以歷史為題材的電影、電視節目和舞台表演。同時，希望本書能提供藝術史、時尚史，或是時尚與戲服設計的學生一本便利的參考指南，並介紹人們了解歷史服裝定年與分析的技巧，對藝術與人文學科中日漸增加的跨學科研究有所助益。

引言

「洋裝就是要讓女人變得美麗。」
于貝爾・德・紀梵希，1952年3月 。

　　時尚史是今日西方社會文化地景主要成分之一，衣物可以是辨別一個人大至性別、年齡、階級、工作、宗教，小至審美偏好、政治立場，以及婚姻狀況的主要標誌。時尚，尤其是女人的服裝，從文明最早期就在社會與文化上具有極大的重要性，它的各種表象能引發激情、執著、嘲弄、輕蔑、醜聞與迷戀。衣服有改變認知與看法的力量，能夠隱藏事實也能重新詮釋事實，能夠提升或減低穿著者的自覺（不論這是好事或壞事）。此事從社會出現以來就是如此，事實上早在西元前第一世紀歐維德（Ovid）[8] 就寫過：「我們都是衣物的俘虜，珍寶黃金掩蓋一切；一個女人卻是她自身最微末的一部分 。」

　　在21世紀，流行時尚的話題性一如既往，且歷史上過去的流行要素至今仍有啟發性。保羅・麥卡尼（Paul McCartney）[9] 專輯《傳奇再臨》（*Memory Almost Full*, 2007）中〈骨董衣〉（Vintage Clothes）這首歌歌詞的關鍵句就是「舊了一點，破了一點／你看衣架上……過氣的又再出現」，呈現當代設計師一再回到過去尋求靈感的事實。在20世紀大部分時間裡，且一直到進入21世紀，人們對於服裝在歷史上的呈現仍舊維持濃厚興趣。以歷史為題的電視劇與電影之多，這證明今人對復古懷舊之情的熱烈嚮往，以及對於「黃金年代」永遠無盡的回憶，這種現象在新世紀伊始時尤其常見。世界各地時尚博物館近年來都是遊客大增，但除此之外，人們似乎普遍對衣著風格在歲月裡如何改變和為何改變缺乏認知，也沒有能力去發現服裝造型在某個時候出現的微妙變化。即便是剪裁與飾邊手法的一點點改動，也能顯示穿著者面對她所處社會與文化氣氛時的新反應與兩者之間的新連結；若能辨識出這些細節，我們就更能了解社會、政治、經濟與藝術世界中的主要變化與趨勢。

　　因此，我們必須注意到，現在人們喜好的所謂「復古風」其實並不代表任何特定年代，「復古」一詞本身的廣泛性與濫用情形就已經有很多問題。舉例來說，在當代流行的新娘服裡頭，「復古」指的可以只是衣服上有一區蕾絲

飾邊，或是一個看來像骨董的亮晶晶胸針別在素緞腰帶中央。那些想要「復古禮服」的新娘最後選擇的可能只是在外面加層蕾絲或用蕾絲做袖子來裝出懷舊感。人們傾向將「復古」風尚與1930、40、50和60年代流行趨勢想在一起，把這些不同的時尚元素全部混成一團。這雖展現時尚不斷循環的本質，但也的確表示任何一個想要辨識並欣賞正統範例的人都得冒著混淆與接收錯誤資訊的風險。同樣的元素今日又被重新利用，若我們想要分辨並了解它們，我們就非常需要辨認服裝年代與不同風格特殊要素的能力。作者希望這本書能降低混淆的情形，減少人們對「復古」這個標籤的浮濫使用，提供讀者簡潔扼要的參考標準，藉此能夠解讀當代與歷史上的各種時尚，這是本書的主旨。

世界各地諸多博物館與藝廊都有豐富收藏，這是發現與理解古典洋裝的最佳途徑。然而，老衣服在歲月中無可避免會受到改動與為保存而做的加工，本書也企圖凸顯出幾個這類例子，指點讀者認清當代力量介入之處（不論這些行為多麼適當或多麼有效）。某些博物館展品來源未必很清楚或是有所爭議，這種情況在經費有限（因此無法進行深入研究）的小規模收藏與歷史學會裡特別常見。本書中就有兩個例子只能呈現該藏品最可能的年代與背景，它們都出自澳大利亞的小型歷史學會，雖小但價值可貴。

時尚造型潮來潮往，構成過去一千年來主宰女性服飾那些引人遐思又讓人熟悉的風格。洋裝最初與金雀花王朝（Plantagenets）[10]一同出現在歷史上，當年的定義與今天一樣，大致上就是個一件式的衣物，或是緊身上衣結合裙子；這個最基本的型態（能覆蓋腿部的外衣，下身不分作兩管）沿用至今。不過，洋裝絕非一成不變，而是回應著社會與人們心態的變化。洋裝發展的不同階段裡，上衣有過平胸、束腰、刻意寬大而掩藏性別、只包覆胸部或從脖子蓋到髖部的各種樣式，束腰馬甲有時不可或缺有時則被棄若敝屣，襯裙或類似功能的配件幾乎很少缺席，從16世紀的裙撐（接下來四百年內這東西不斷在不同時代以各種形式還魂重生）到1930年代貼合身材的吊帶連身襯裙都是。所以說，縱然這種被稱為洋裝、外衣、外袍或曼圖亞的衣服一再重現且始終存在，但這數百年來，不論出於風格設計或實際需求，它一次又一次的創新階段也不斷為女性創造出生氣勃勃、精采亮眼的輪廓。

將洋裝作為單一主題來研究從來就不容易，隨著社會進步、西方的階級劃分變得愈來愈固定，有錢仕女在一天之內換穿不同衣物出席各種場合的做法也成為常事。舉例來說，到了19世紀中期，上層階級女性通常都擁有晨服、訪問服、茶會服、晚宴服，以及入宮或舞會等特殊場合專用的各種服飾，連中產階級婦女都有加以仿效的趨勢。這全套裝備裡可能還要加上日用與非正式晚間場

合可穿的「半正裝」（half-dress），為了特定戶外活動而做的外出服或散步服（promenade dress）（這類服裝裡最受歡迎的就是騎裝，它出現於18世紀而後持續盛行），以及旅行用的洋裝。這些變化類型大部分也能做成喪服或孕婦裝，這些是19世紀大多數女性一生中都會經歷過的歷程。本書呈現的是這類衣物的集錦，每一件都是精挑細選符合當時時髦造型的例子，同時也對許多出現過的變化型態加以定義與解說；舉例來說，訪問服與晨服的布料或飾邊可能會有細微差別，需要進一步分析才能說清楚。

比起五十年前，性別界線在今天已經變得非常具有流動性，但洋裝無論哪種型態都還是象徵著女性特質。女性現在每天要穿什麼衣服可以有廣泛選擇，其中也包括褲裝，而洋裝則被視為衣櫥中用在特殊場合的那一件。對許多人而言，洋裝代表的就是「最好的」或「最漂亮的」衣服，或是多在職場而非週末在家穿著的衣物。大多數新娘在結婚那天想穿的仍舊是洋裝，只有在第二次世界大戰這個實用至上的極端時期，訂製套裝才出於實際需求而成為新娘服的一種。套裝要到很後來才出現在婚服設計師的作品中，可參見這張1960年代倫敦婚禮照片。

男人在歷史上許多時期都可以不穿褲裝，進入19世紀之後小男孩基本都穿洋裝，長大一點就改穿較短的寬外衣，直到他們在六到七歲時開始「穿褲子」（breeched）為止。男性穿的裙子有很多種，包括蘇格蘭裙（kilt，現代蘇格蘭男性仍會在特別場合或慶典上這樣穿，這也是很常見的新郎禮服）和中古時代的裙甲（tonlet，步戰時所穿護身鎧甲的金屬裙部分，造型仿照當時洋裝寬外衣），古典希臘羅馬時代男女都穿非常類似的不分管長袍式衣物，名稱分別是寬外袍（toga）、女外袍（himation）和袍衣（chiton）。不過，在那之後，洋裝這東西（數百年內有時也被稱作外衣或外袍）在西方世界成為女性專屬的服裝，而女性不論積極或消極都接受這個事實。藝術史學家奎丁・貝爾（Quentin Bell）在1930年代寫道：「西方女性從19世紀展開爭取身為二足動物地位的漫長鬥爭。」本書也會記錄19世紀到20世紀興起的「理性」服飾及其影響，以及與此密不可分的追求「美感」服飾的運動，後者主要是由奧斯卡・王爾德與其他波希米亞主義者所提倡。

不論是把歷史服飾當研究對象或單純欣賞，都應該注意某些特定服飾對穿著者軀體造成的實際影響。人們著衣之後身體如何動作、如何整理自己身上的衣物，這些都能告訴我們過往歲月裡人們對性別與階級的態度，還有何謂「有禮」、「端莊」的標準；舉例來說，17世紀中期肖像畫裡的菁英階層女性擺姿勢的方式（比方說：前臂露出來且內彎，手肘往外撐而與身體有點距離，一隻

手放在另一側的手腕上）可不只是為了好看而已。事實上，女性從17世紀早期終於被允許大方露出手臂，而這種變化必然對她們給自己留下肖像時選擇的姿勢有不少影響；另一方面，考量當時硬邦邦的女裝緊身上衣，女性把胳膊抬起來遠離身體也是個較舒服的姿勢。從1840年代早期的圖像看來，當時洋裝肩部剪裁極窄（有時袖子的位置遠遠低於肩線），讓穿著者必須盡量將手臂貼緊軀幹；至於1900到05年間的外衣袖子就是被安在「天然的」袖孔位置，剛好在肩膀與上臂交界處前面一點，就某些方面而言這讓穿著者的姿態變得更自然。下層階級很少出現在這類肖像畫中，除非是以受寵僕人的身分；他們所穿的衣服當然不能妨礙自己靈活動作，且著裝時必須盡可能省時省力。不論如何，上層階級依然是時尚流行與「正確」衣著打扮的定義者，且中下階層人士也試圖盡可能地模仿他們，正如本書作者在注釋中所說。

　　若想要了解並解構過去，則洋裝研究就是一門富有價值的方法學。在本書的脈絡中，這些研究還能闡明性別關係以及社會認知女性的方式，還有更重要的是闡明女性如何認知自身、如何將她們的身體展現於世。既然長久以來服裝都被視為女性最大的興趣之所在以及做活的內容，則歷史學家有責任去充分理解這份興趣中所含的審美觀念以及功能，去清楚查探洋裝的發展過程，還有女性如何在一個大致而言父權至上的世界中利用時尚來表達、隱藏、反叛、抗議，以及鑄造自我。

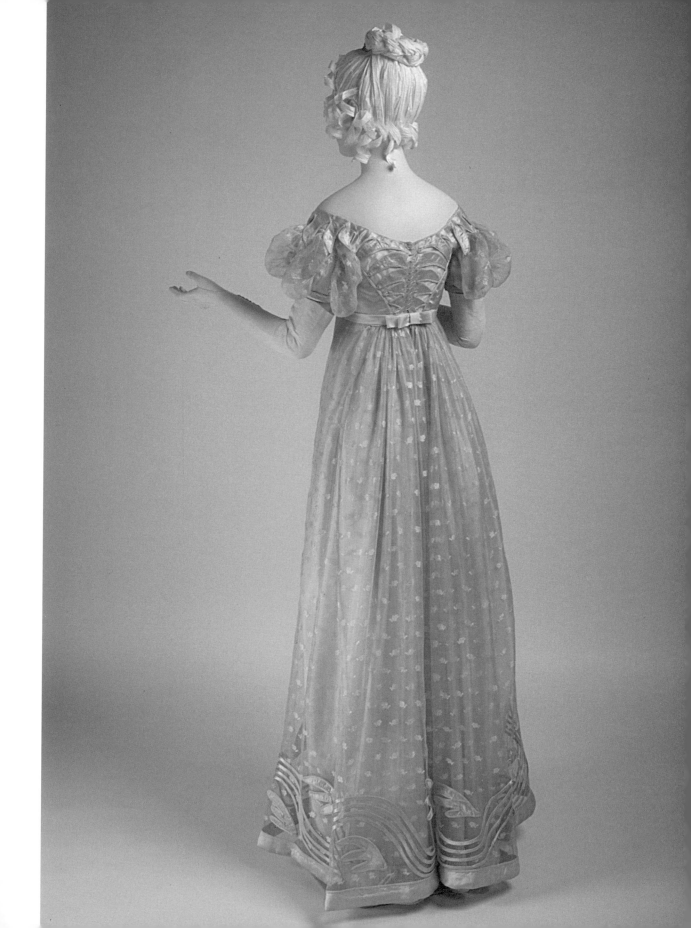

第一章
1550–1600

現代人能親眼見到16世紀留下來的洋裝的機會並不多。當時的衣服堅固耐穿，人們常把老衣物拿來改造成新衣服（或作為新衣的一部分），就算富貴人家都是如此，所以沒有幾件骨董衣物能完整留存至今。此外，關於那時候工人或下層階級的衣著，如今也缺乏完整的實物史料。幸好16世紀還有豐富的畫像與其他藝術作品（主要出自歐洲），讓我們知道當時衣服長什麼模樣，本書第一章最主要就是對這些人像畫加以分析。

16世紀歐洲女性服飾由多層衣物構成，氣候問題是一個很實際的原因。研究顯示16世紀晚期平均氣溫比20到21世紀要低兩到三度[1]，加上當時不分男女都必須時時刻刻穿著正式全裝，一方面是實用性，一方面要顯示禮節教養，因此為了一件衣服用上這麼多布料也就不會令人見怪。在此同時，一種俐落合身的剪裁逐漸出現，遠離寬鬆多褶的中古風格；人們仍為了製作外衣耗費大量布疋，但也開始注意呈現身體各個部位的輪廓。從1550年代以降，中產階級和上層階級女性日常洋裝基本上一定由襯衣（smock）、束腹（stays）、打底長衫（kirtle，後來變成襯裙〔petticoat〕，通常連著緊身上衣〔bodice〕）、外衣（gown）、裙撐（farthingale）、前幅（forepart）、袖子、皺褶領（ruffle）、頸巾（partlet）等部分組成，這些名詞本章都會加以介紹。由於那時女性的襯衣底下沒有襯褲（drawer）或任何形式的內衣，因此特別需要多層衣著來確保穿著者不會走光。外衣是整套衣服的重點，其剪裁可能寬鬆也可能貼合腰線，呈現當時流行風格要旨。法國、英格蘭和西班牙的緊身上衣能做出錐狀V字線條，日耳曼和義大利式的外衣則具有顯露在外的前束帶（前述法國等地區通常將外衣束帶做在側邊或背後）和誇張的大蓬袖，十分特殊。

1558年，伊莉莎白一世登基成為英格蘭、愛爾蘭與法國女王。她在政治上氣魄不讓鬚眉，但私底下她可是醉心於歐洲各國女裝的世界，當國六十年期間還開創不少時尚風潮。擁有一半西班牙血統的瑪麗女王在位時帶起洋裝造型上的西班牙風尚，以裙撐和皺褶領為主，這種做法一直延續到伊莉莎白時代。除了西班牙式的三角形裙撐（稱作verthingale，由法文裙撐一字vertugarde演變而來）以外，後來又出現另一種新式「環筒式裙撐」（circular roll），可謂16世紀第二號裙撐形式。環筒式裙撐據說源自法國，是一個塞滿填充物的布料圓管，繞在腰際來把收摺在腰部的外裙撐開，讓裙子蓬出一個巨大空間，將都鐸時代較平順、較呈三角狀的裙部造型改得面目一新。當時有幅作者不詳的著名諷刺畫〈女人的虛榮〉（The Vanity of Women, c.1590-1600），畫的就是幾名婦女專心致志試穿各種大小的「臀筒」（bum roll，即環筒式裙撐），針砭為了製作這種特殊裙型而耗費大量布料的行為。不過，縱然環筒式裙撐的裙子用起材料頗

DAMOISELLE FRANCHOYSE DEGMONT

為鋪張,但對某些女性而言,拋棄舊式裙撐改用這種新式衣著卻代表自身社會地位有所下降。

　　放眼全歐,人們對衣服的選擇很受禁奢令影響,連上層階級都不能倖免。伊莉莎白繼位前這些法令已經存在,目的就是節制服飾不要奢華過度;伊莉莎白女王也沿襲舊規,限制不同階級的人只能穿著某些服裝形制、使用某些料子。這類法令背後還受政治動機影響,政府藉此能夠有限度控制海外商品進口情形。伊莉莎白在1574年6月寫道:「近年來,服飾的鋪張程度、外國奢侈品過量進口的情形已被默許惡化到了極點,這想必要導致我領土全境大量財富資產顯著流失。」[3]

　　除了貴族成員以外,任何女性不得穿著「金絲、薄綢,或黑貂皮草」和天鵝絨、金銀線繡或織的蕾絲、繡花絲綢等等;這份清單列下去還要限制素緞(satin)、花緞(damask)、植絨塔夫綢(tufted taffeta)、絲質羅緞(silk grosgrain)等布料在外衣、襯裙、打底長衫上的使用,每種衣物使用不同料子都有不同規範。某些服飾是「騎士兒子的妻女或騎士繼承人的妻女」可以穿著,少數場合裡「公爵夫人、侯爵夫人、伯爵夫人的近身侍女」能使用她們女主人用過的東西。雖然要在法律上貫徹這些禁令或是實際執法都很困難,但這些條文確實讓中產階級更加不容易晉身貴族(除非克服重重阻礙)[4];用衣著這種外顯的方式彰顯財富能造成很大的效果,限制高級服飾流通則是個進行社會與政治控制的好方法。禁奢法在歐洲其他地方自古有之,但到了17世紀中期反對聲浪在各國已普遍出現,上流社會開始有人對此表達不滿,米歇爾・德・蒙田(Michel de Montaigne)[5] 就是其中一位,他批評禁奢法的實施造成許多不必要的麻煩,並主張頒布法令的當權者最應該身為道德典範:「國王應當捨棄那些排場噱頭,他們擁有的已經夠多了;比起他人,君主的鋪張行為最不可原諒。」[6]

　　在不列顛群島和歐陸本土,女性服飾的一些設計靈感是從男裝而來。人們愈來愈注重人體上半身與下半身的區別,因此上下半身的衣物也要有所不同,這種概念可說是由男裝短衣(doublet)衍生而來,上頁圖的法國銅版畫是一例。某些法國女士選擇穿著西班牙風格的緊身上衣,硬挺的立領是其特徵,這種服飾與當時時髦男性的衣著幾乎一模一樣。[7] 皺褶領是那時紅極一時的飾品,男女所用的實際上看不出差別,特別是伊莉莎白即位後那幾年裡更是如此。後人對這東西的印象多是那種大型閉合式平面皺褶領,但在16世紀其實常能見到開口式的例子,這種皺褶領下方邊緣收束處像一般立領造型一樣,只包覆頸部兩側與後腦。除此之外,在不同國家也可發現皺褶領的形狀或穿戴技巧都有細微差異,因此綜觀全歐各地能看到的變化就很可觀。

16世紀末出現的法式（或稱輪式〔wheel〕）裙撐集各種不實用之大成，可謂富貴閒人仕女衣著的典型。比起其對頭西班牙人的衣著品味，法國人原本偏好較為陰柔靈活的時尚風格，因此這種裙撐竟會發源於法國實在出人意料。法式裙撐上市前不久，許多法國婦女已經開始穿好幾層加硬的緊身上衣來撐開裙襬，形成瀑布般從腰部垂到地板的不規則皺褶，與西班牙式裙撐所托出的平滑線條有天壤之別。

法式裙撐是藤編的盤狀結構，模樣像是圍繞女性腰部的一圈圈光暈向四面平伸，底下墊著一條大布卷來抬高後方、壓低前方，使得原本已呈錐形的軀幹線條更被拉長；裙子直接從藤箍邊緣垂落地面，造成軀幹變窄、腿部變短的特殊視覺效果。這類衣服會搭上「裙撐袖」（verthingale sleeves），上下一般寬大的袖子收束於肩膀，形狀類似男裝短衣的月牙形蓬袖，與裙襬造型相得益彰。這種風格可能搞到走火入魔，需要使用鯨骨才能把衣服撐出所要的形狀。宮中仕女通常會為緊身上衣搭配氣勢驚人的大立領，其中最高最寬者可能延伸到穿戴者頭頂或腦袋後方甚遠處。為了固定立領、保持其高度與存在感，穿著者常需使用稱為「領撐」（supportasse）的架子把皺褶領從底下抬起來，以此為基礎做出多層次的複雜花樣；如果要讓領子更有立體感，還可加上「拂子」（whisk），也就是用彎曲的細條框張著透明布料，再綴以珍珠與蕾絲。

16世紀的時髦華服非常注重布面裝飾，通常會在緊身上衣或男裝短衣的翻領（rever）上頭下工夫。黑繡（blackwork）算是那個時代的代表，是以黑絲線在白布料上繡花的一種刺繡工法。伊莉莎白在位時期，黑繡的圖樣變得更華麗；16世紀早期愛用抽象幾何圖紋，後來逐漸改為花草紋樣，且常用銀線來畫龍點睛。[8] 不只是刺繡風格愈來愈鋪張，其他裝飾手法也一樣；開縫（slashing）在15世紀開始流行，做法是在表布上割出縫隙（收邊或不收邊）以露出底下更奢華的布料。

伊莉莎白一世在1603年過世，她葬禮上使用的肖像讓服裝史研究者發現一項無價史料，那便是畫中的束腰馬甲（corset），又稱「兩片式胸衣」（pair of bodies）。束腰馬甲裡頭有個支撐用的新設計，將一段長而直的鯨骨、木條或金屬條垂直縫在前方，稱為「插骨」（busk）。插骨設計在16世紀蔚為風尚，同時還染上了些情色氣息；這東西常是情人所贈的禮物，上面鐫刻私密話語。[9]

絲質天鵝絨外衣

約1550到60年，皇宮博物館，比薩

◆

　　這件猩紅色的絲質天鵝絨洋裝（義大利文稱為「連袖裙」）有奢華的金質飾邊，是少數現存義大利文藝復興時代外衣之一，頗為珍貴。它原本披在比薩聖馬特奧修道院（San Matteo）[10] 一尊木雕像身上，形制很類似托雷多的埃麗諾（Eleonora di Toledo）參加葬禮的衣著，但這件衣服是否屬於她或她的親戚仍有爭議。[11]

前後領口均低而方正，通常搭配一片環披肩上的輕薄布料穿著。

每只袖子頂端都有造型，有時稱為「巴拉戈尼」（baragoni）：綁緊肩飾帶的同時，將多片寬條狀布料拉成高膨狀，之後再將襯衣從布料之間各個開口一一拉出。

袖子被割開，這種做法是在布料上做出裂口來達成裝飾效果。

裙子在前後與兩側收束成深褶。

當時洋裝袖子與衣服本體不相連，是以好幾條帶子繫在緊身上衣的腋下處；帶子本身編成麻花狀，兩端以金屬收尾，稱「肩飾帶」（aiguillette）。

緊身上衣（稱作imbusto）背後有兩條垂直的結帶（lacing），位於手臂底下延伸至腰之處，用來使衣服合身。這是上層階級緊身上衣結帶常見的位置，勞工女性通常只在上衣前方繫結，以便在無人協助下迅速穿脫。另一種支撐緊身上衣並為其塑形的方法，是加上一層層羊毛氈或膠硬粗布使其變得硬挺。要注意的是此時束腹已經出現，但尚未使用鯨骨來補強。[12]

提香[13]的弟子，〈斯皮林柏格的艾蜜莉亞〉，約1560年，華盛頓特區國家藝廊。

這幅1560年的義大利肖像畫呈現一名年輕女子身穿類似深紅外衣，外披立式皺褶領寬袍。此圖讓我們了解時人如何在日常生活中穿著搭配這類連衣裙。

裙子由直條與三角形布片組成，以做出鐘形輪廓（圖片中可見淺色接縫處）。下襬處特別豐圓，也縫有相搭配的數道金質飾邊。

〈年輕女士肖像〉

1567年，耶魯大學英國藝術中心，康乃狄克州紐海芬

━

　　這位不知名但看來富有的年輕英格蘭女士，她肖像中所著連衣裙很符合約1560到70年間的時尚要素，從小而後傾的艾斯科菲恩帽（escoffion）到領口弧度（將人視線引向纖纖柳腰）都是。這件裝飾華麗的洋裝展現伊莉莎白一世在位早期的貴族社會著裝風格。

⋯⋯⋯

精巧的項鍊，長度足以繞頸三周，一圈圈垂掛於緊身上衣頂部，其構成材料與設計都與束腰（girdle）相仿。

「肩筒」（shoulder roll），或稱「肩翼」（wing）內有塞墊，與緊身上衣和裙子開口處有同樣飾邊，顯示當時服裝設計開始注重肩部細節。

穿在裙撐上的寬大錐形裙子能強化腰部纖細內凹的線條。

低而方正的領口，直到大約1570年之前人們都會使用頸巾遮蓋領口內部。頸巾是一塊四方形布料，上面連著立領（此處為皺褶立領），穿在緊身上衣底下，覆蓋頸部、肩部與上背部。圖中頸巾前方開口，暗示畫中女士尚未出閣。

袖子上割出裂口，從洞口拉出底下襯衣呈圓膨狀。

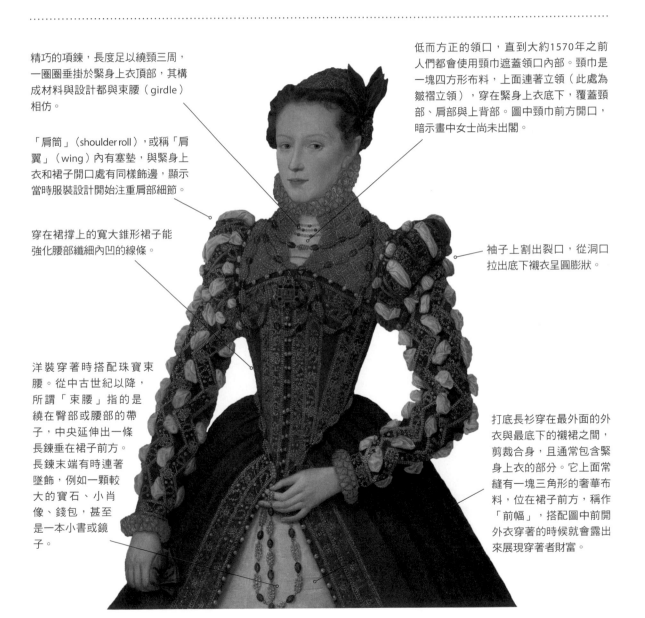

洋裝穿著時搭配珠寶束腰。從中古世紀以降，所謂「束腰」指的是繞在臀部或腰部的帶子，中央延伸出一條長鍊垂在裙子前方。長鍊末端有時連著墜飾，例如一顆較大的寶石、小肖像、錢包，甚至是一本小書或鏡子。

打底長衫穿在最外面的外衣與最底下的襯裙之間，剪裁合身，且通常包含緊身上衣的部分。它上面常縫有一塊三角形的奢華布料，位在裙子前方，稱作「前幅」，搭配圖中前開外衣穿著的時候就會露出來展現穿著者財富。

大不列顛女王，伊莉莎白

1570到80年（1601年出版），華盛頓特區國家藝廊

克里斯多佛・凡・思建（Christoffel van Sichem I, 1546-1624）是荷蘭木版畫與銅版畫家，他的作品主要包括人物肖像與較傳統題材，如聖經故事或敘事場景。此圖描繪當時延續的風尚，例如表布上華麗繁複的裝飾，以及皺褶領和肩筒廣受歡迎的情形。圖中也可看出女性衣著受到男性衣物的影響。

1570年代的緊身上衣通常做成高領，但到了1570年代末期，開得低低的低胸露肩領（décolletage）將再次登上時尚舞台。

稱作「框條」（panes）的直寬條布料裝飾袖子頂端誇張的肩筒造型。

當時緊身上衣不使用「省道縫褶」工法（dart），內部沒有額外空間容納女性胸部，因此造成穿著者胸口看似平坦的效果。就這方面而言，女性緊身上衣結構與男裝短衣十分相似。

腰線變低且更細尖。

裙撐邊緣在大約1575年後變得更寬，且女性穿裙子時通常會加上臀墊，才能形成圖中所示體態。[14]

亨德利克・戈爾奇烏斯，〈耶羅尼米斯・紹利爾像〉，約1583年，華盛頓特區國家藝廊。

同時代的這幅肖像畫呈現男女裝在剪裁與裝飾上的類似處，帶皺褶的高領、「肩翼」及「假垂袖」（false hanging sleeves）等要素都表示男裝與女裝會互相影響。

長長的假袖子寬鬆懸於緊身上衣袖子外，垂到接近地面的地方每隔一段就以緞帶結固定，緊身上衣袖子本身也是由緞帶結繫起各片，兩者造型互相呼應。

英格蘭女王

約1588到1603年，華盛頓特區國家藝廊

◆

　　這幅由克里斯平·德·帕斯一世（Crispijn de Passe I）所繪的伊莉莎白一世銅版畫肖像，呈現16世紀最短命（卻也最好認）的一股時尚風氣：輪式（又稱「鼓式」〔drum〕）裙撐。17世紀早期歐洲大部分地區很快拋棄這種做法，只有丹麥的安妮（Anne of Denmark）[15] 還在自己宮廷中鼓勵這種風尚，使它得以多延續一陣子。

．．

一排排珍珠寶石繞在頸上，也成圈垂掛在緊身上衣上頭。

伊莉莎白腦後雙重光暈狀結構被稱為「蝶翼紗」（butterfly-wing veil），是將二到四個環狀的「翼」襯在頭部後方，環框裡張著極薄的薄紗，邊緣飾以珍珠寶石。蝶翼基部通常會連著一方白紗，從肩部垂到地面。

16世紀大部分時間，男性女性都使用形狀類似的皺褶領。然而，隨著低胸露肩領流行，女裝開始使用大型開口皺褶領，只覆蓋頸部後方與兩側，露出乳溝。這種領子是由領撐（又稱底架〔underpropper〕，別在緊身上衣上的細條框架）加以固定。

羊腿袖（trunk sleeves，又稱「大砲袖」〔cannon sleeves〕）在16世紀最後二十幾年很流行，袖頂寬胖，往下逐漸變細，袖口緊合手腕，裡面以填充物、鯨骨和金屬線撐出形狀。

白金兩色的緊身上衣與裙子外面罩著合身外衣。外衣腰部剪裁特別呈現身材，且會蓋住環裙（farthingale skirt）背側一半裙面。

位在輪式裙撐外側的一圈褶邊稱為捲褶邊（frounce），有時又稱為「鼓褶」（drum ruffle）[17]。它為一個角度方正的結構添上較柔性、較女性化的邊緣造型，可見於1590年代之後這類洋裝上頭，直到17世紀早期為止。

假袖子長長垂曳，經過手臂後面披在裙撐上，長度通常垂到裙裾。最初的變形袖是合起來的，前方有一道長開口可讓手臂穿過，因此具備某些實用功能，「假袖」之名也是因此而來。不過此時的大片假袖已經只有裝飾性。

外衣下方以「臀筒」束在腰上托起裙箍（hoop）並使其前傾，也就是說裙箍在背後的高度高於前方。[18]

裙子從裙撐架子外側筆直垂下，長度通常到腳踝或正好到腳踝下面。早期的西班牙式裙撐由一圈圈由小而大的裙箍構成，但輪式裙撐則是將直徑相同的鯨骨圈從腰往下排到裙裾，是故與此搭配的裙子也是由長直條布料縫成，不必做出立體造型。

金線織物（cloth of gold）上面縫著白絲綢小球，點綴以紅寶石、珍珠、祖母綠等寶石。[16]

第二章

1610–1699

17世紀洋裝保存至今的少之又少，因此本章圖像除了現存骨董以外，還包括大量當時畫家作品內容。這些選圖不可免地都只呈現富有人家情形，但這些畫家的畫作之所以被選中，主要是因為他們對衣著細節的描繪毫不馬虎。此外，因為此一時期不同國家的傳統洋裝風格變化多端且差異極大，我們選擇的作畫者來自歐洲各個不同地區，因此能更不偏頗的呈現當時女裝風格。本章選圖中荷蘭畫家作品不少，當時荷蘭無論是在洋裝這方面（該地在衣料生產上尤其獨占鰲頭，哈倫〔Haarlem〕[1] 的麻織業與阿姆斯特丹的絲織業都興盛發展）或美學、經濟、政治關懷等其他領域都是創新與改革的中心。

第一個例子呈現當時主流的西班牙風格洋裝，最明顯特徵就是加長且有立體造型的三角胸衣（stomacher），內裡常附撐架，在穿著者腹部做出類似壁架的凸出形狀。這類新做法在歐洲其他地方退潮很久之後仍流行於西班牙和葡萄牙（查理二世〔Charles II〕[2] 的葡萄牙裔妻子布拉干薩的凱瑟琳〔Catherine of Braganza〕[3] 在1662年從里斯本前來英國宮廷，當時她就身穿類似服裝；不過她後來很快改用英國式的外衣與髮型）。說到英法兩國的女士們，伊莉莎白一世在位期間那種人工製造的僵挺線條、皺褶領，以及墊高的裙子已經過時，換成一種更軟、更清新，也更自然的輪廓線條。法國踏著稍微比較審慎的腳步跟上時尚，因為傳統輪式裙撐仍在法國宮廷重大場合使用，一直到17世紀中後期。1610年之後，洋裝領口變低，袖子變得膨大，沿著手臂在不同地方一一鼓起，中間以緞帶結或蝴蝶結繫緊。表布開縫的做法（16世紀常見裝飾手法）再度出現，但大部分表面裝飾都以大片蕾絲為主，作為袖口邊或領口飾邊使用。蕾絲不再做成漿挺的皺褶領，而是優雅的垂在肩上，常稱為「垂班德領」（falling band）或垂襟（ruff），後來又被叫做「凡戴克領」（van Dyck collar），因為這位藝術家特別喜愛這種衣著風格，常在人物畫像裡使用。到了1625年，腰線已經提高並固定在胸部下方的新位置上，直到1630年代中晚期。新式連衣裙的緊身上衣肩部縫合線很寬，袖孔範圍一直延伸到背部中央，以便裝上尺寸極大的袖子。1620年代到1640年代之間，緊身上衣未必都採取巴斯克式設計（basque，特徵是低垂過腰的垂片，亦可見於男裝短衣上面），但它們確實比較常見，這從本章所附圖例可以看到。[4]

裙子一直都是鬆鬆收束於腰際，以厚實而不規則的褶子狀垂落地面，有時下襬會稍微拖地。[5] 罩裙（overskirt）前側有大幅度開口，露出底裙（underskirt）而造成前幅的效果。底裙料子與罩裙成對比，最好能使用富麗、質地佳且價昂的布料（有時精打細算的人會只把錢花在底裙前方，然後用很樸素、很便宜的布料製作底裙其餘部分）。裙子本身膨度十足，底下的臀墊或臀筒（布料縫成

威廉・道布森[6]
〈家族畫像〉
約1645年
耶魯大學英國藝術中心

圓管再塞滿馬毛）則是用來撐出裙子的體積感，讓臀部變得有分量，並使裙體鼓脹起來。穿著外衣時幾乎都會在高腰處綁一條細緞帶，蝴蝶結可能打在稍偏一側的位置或是緊身上衣前方正中央。由於領口開得極低，婦女身穿這類服裝時為了維持莊重常會在上面加一條領巾（neckerchief），沿斜角對折後圍於肩上，可能只是披著，也可能會在喉嚨或胸前以漂亮的胸針固定。

　　這段時期「束腹」經常不是獨立出來的一件衣服，這是當時服裝最大特點之一；一般做法是在緊身上衣內部加骨架來達到支撐效果，最起初還會另外在前幅開口裡面放一片三角胸衣，這樣才能裹住整個胸腹部（另一種做法是使用後方繫結的緊身上衣，前方完整無開口，這樣也能塑造出同樣的時髦身材）。也就是說，17世紀早期大部分時間，女士們都不必多穿一件底衣來製造曲線，後世所謂的「內衣」此時是與外衣一體，成為洋裝本身構造的一部分。進入該世紀下半葉，緊身上衣內部骨架做得愈益扎實；為了將軀幹調整成長而細的形狀，必須要靠勒得死緊的結帶以及當時變得易於取得的鯨骨才能做出這種效果。束腹到了此時已很常見，但要到1680年代曼圖亞式外衣（mantua）登場之後才成為仕女標準配備。

　　「兩片式胸衣」（pair of bodies，很可能是bodice這個現代字彙的來源）穿在襯衣外面，從巴斯克式緊身上衣長及肘的袖子底下可以看見襯衣衣袖（女性露出手臂是這個時代的新風潮，也引來道德家不少批評）。底衣的袖子從外面看不見，外衣袖子則以寬緣袖口收尾並飾以蕾絲，有時還是漿挺的蕾絲。穿著束腹的場合不多，它們形制很類似緊身上衣，只少了袖子（但偶爾也會有人穿長袖束腹，特別是在冬天；維多利亞與亞伯特博物館〔Victoria and Albert Museum〕中就有一件這種藏品）。無奈的是，由於現存骨董衣物實在太少，我們實在無法得知17世紀早期女性穿著洋裝時究竟要把自己勒到什麼程度。我們都知道束腰馬甲主要的功用是雕塑出楚腰纖細，但1800年代之前它大多被用來改變軀幹上半部型態。只要有了完美合身的緊身上衣相助，女士們就不太需要使用束腹來把身體調整成與外衣相配的形狀。領口低而緊密貼合身體，搭在女性肩膀邊緣，主要效果就是美化肩部與上胸部。從大約1620到30年間的肖像畫可以看出，17世紀早期衣著比起過去百年都較為寬鬆，較能讓人活動自如；經歷過16世紀末與17世紀初相對嚴肅僵硬的穿衣風格，當時女性想必對這種自由之風有切身體會。

　　克倫威爾護國公（Protectorate）[8] 執政時期（1649-1660）的英國，清教徒理想中黑灰兩色的肅穆與節制並非當時唯一時尚；王黨的同情者日常衣著仍保有一些「騎士派」（The Cavalier）[9] 元素，這在女裝上的表現包括領口與袖口的

右頁圖
小傑拉德・特・波赫[7]
工作室
〈音樂課〉
約1670年
華盛頓特區國家藝廊

蕾絲邊緣，以及繼續使用藍、黃、玫瑰紅等明亮色調的絲綢與素緞。社會上的各種差異，比如宗教派別、政治派系，特別是階級地位之分是從衣服使用的布料與飾邊看出，而非整套衣服本身的基本結構。威廉・道布森的〈家族畫像〉（第31頁）這幅畫描繪一家人依照喀爾文教派（Calvinism）[10] 的精神來穿著打扮，時間是在查理一世（Charles I, 1600-1649）遭推翻之前。畫中女性衣領全白且毫無裝飾，將低胸露肩領領口以上完全遮蓋；衣服上看不到蕾絲，一條樸素頭巾包住頭髮。這樣的一套服裝在護國公執政時期一直為清教徒女性使用；荷蘭也有類似的連衣裙，同樣顯示穿著者具有某種政治立場。新教政權由中產階級裡的菁英分子所主導，黑色衣料為主的嚴整保守服裝為其制服，強調他們信仰的虔誠與態度的認真。荷蘭時尚中始終可見垂襟，直到英國與法國都拋棄這東西以後他們還在使用，且愈變愈大，這是他們對人性中喜好浮華的那一部分所做出的唯一讓步。

英國王政復辟之後，英法兩國的緊身上衣都變得較長，腰線定得極低。在整個1650年代，某些緊身上衣都還保有1630年代流行的垂片，有助於讓這對「兩片式胸衣」貼合軀幹線條。此時緊身上衣搭配束腹的穿法變得比較普遍，但緊身上衣本身仍附有完整骨架，使用的布料一方面要能與裙子搭配，一方面要適合作為安排各種裝飾的畫布。

領口低而呈圓形，女性平日通常還是會以領子或領巾把領口遮起來。緊身上衣的袖孔開得很深，至於袖子則依舊膨滿，在袖孔與袖口處都密密打褶；不過，愈接近1670年代，袖子的長度就愈縮短。從外頭幾乎總能看得見底下襯衣袖子，它的皺邊（frill）會從袖口與低胸露肩領口探出頭來。

刺繡是當時衣物重要的附加元素，使用的技術種類與創作出的花樣多不勝數。舉例來說，17世紀與之前的科學發現常被化作昂貴絲綢上金屬絲線作品，新世界的動物與植物都是熱門圖樣，一個「大發現的時代〔……〕躍然於家居陳設與服裝的布料上」。[11] 現存的當時女性夾克，特別是維多利亞與亞伯特博物館和美國大都會美術館的那些藏品，都清楚呈現傳統刺繡工人所使用材料有多麼奢華、刺繡圖樣主題有多麼華麗。許多現存衣物上都以銀線和鍍銀絲線所織的梭心蕾絲（bobbin lace）來加工，成果賞心悅目。除了美感上的進展以外，我們在這個世紀也看到更多實用性的發明，比方說彎鉤（hook）與孔眼（eye）就開始取代緞帶來發揮繫緊衣物的功用；不過蝴蝶結仍繼續流行一陣子，是衣服上常見的裝飾品。整個17世紀，從荷蘭藝術大師維梅爾（Vermeer）[12] 與楊・史坦（Jan Steen）[13] 的畫作中常可看到夾克外套成為服飾裡既實用又能增添美觀的配件之一，如上頁圖中小傑拉德・特・波赫工作室的作品也是一個例子。

在這些具有獨特氣氛的日常生活景象裡，女性時常會在外衣上面加件寬鬆外袍（coat），外袍通常為絲質，上面偶爾會有皮草飾邊或襯裡，暗示著富裕與家常的親和氣氛。夾克在正式服裝中也有它的角色，這可從女性騎馬裝束的發展中看出。18世紀已經有專為女性量身打造的整套騎裝（不過裁縫這行要直到19世紀晚期才不再是男性專屬的職業），但17世紀女性騎裝的夾克仍謹守男裝剪裁方式，只在極少地方做出改動來配合女性身材，連男裝特有的扣子在右、扣眼在左的做法都保留下來。此外，女性偶爾還會把夾克搭配男裝馬甲背心（waistcoat）這種原本只屬於男性的衣物一起穿著，有時會讓觀者感到撲朔迷離，如山謬爾・佩皮斯（Samuel Pepys）在1666年所記：

走在長廊上，我看見皇家侍女們做騎裝打扮，穿著外袍和男裝短衣搭配底裙，上身和我穿的簡直一模一樣。她們短衣胸前扣起，頭戴假髮和帽子；於是，除了男裝外袍下面拖曳的那條長襯裙以外，沒有人能從其他任何地方看出她們是女性，這景象非常奇怪，且令我感到不喜。[14]

直到17世紀最後20年左右，由緊身上衣、襯裙和外衣組成的三件式連衣裙持續流行。在那之後，大部分女性開始穿著一件式的「曼圖亞式外衣」，成為18世紀女性的典型衣著。造型特別的曼圖亞式外衣以一片簡單的T字形布料為基礎組件，從肩膀以下做出一系列褶襉，以讓衣物貼合穿著者個人身形，再用腰帶固定。它原本只是作為私下穿著的寬鬆衣物使用，但卻影響了袋背外衣（sack-back gown）或稱法式女袍（robe à la française）的發展，這是下一個世紀女性正裝的關鍵造型之一。

瑪可塔・洛克維茨的葬用禮服

約1617年，區域博物館，捷克斯洛伐克米庫羅夫

◆

　　17世紀波希米亞王國（現在的捷克共和國）是瑪可塔・洛克維茨（Marketa Lobkowicz）這位貴族婦人的家鄉，她的壽衣在2003年得到修復。這件外衣是當時中歐貴族衣著風格的極佳範例，其造型受到西班牙的強烈影響，特別是在它還繼續使用錐狀裙撐這一點。

....

領子由上等真絲製成，邊緣飾以義大利絲質蕾絲。當時絕大部分品質最佳、價格最昂的蕾絲都來自義大利諸邦，此處也顯示這件衣物擁有者的身分地位。[15]

真絲料子所製的緊身上衣，布上是「鳥眼」（bird's eye）圖樣：形似鳥眼的簡單圓點構成全幅花紋（diaper）。[16]

二十二片方形垂片構成前後腰線的邊緣。

裙子由八片布料縫成，藉著底下的西班牙式裙撐（西語為verdugado）撐出圓錐狀，這種裙撐當時在歐洲其他地方已經過時。[18]

這件外袍也是圖中壽衣的一部分，最大的特徵是西班牙式垂袖與立領（standing collar）。它的料子是奢華的絲質天鵝絨，上面以刀片雕出花朵圖案，這種極其費工的技術只有社會上最高層、最有錢的階級才享受得起。

窄袖管的剪裁與當時流行的男裝短衣（法語為jubon，男女皆可穿）一致，這類合身衣物也通常會有立領與肩翼等設計。

圖中袖子是當時常見的曲線剪裁，這表示大部分情況下穿著者的動作會因此受限。不過，負責保存這件外衣的專家發現兩條袖子頂端在縫製時都有多加一片楔形布料，讓穿著者較能活動自如。[17]

腰線特別長且渾圓，這是西班牙式風格的典型特質，並且也與當時荷蘭流行的三角胸衣樣式相似。女性有時會在這種緊身上衣底下加上筒墊，增加它凸出的程度，效果可見於本頁下方的肖像畫中。

前方中央是裙裾開口，但裙子穿在裙撐上面時左右兩片會交疊重合。

彼得・保羅・魯本斯[19]〈布莉姬達・史賓諾拉─多利亞侯爵夫人〉，華盛頓特區國家藝廊。

義大利貴族布莉姬達・史賓諾拉─多利亞侯爵夫人，她的畫像中呈現數種西班牙式衣著風格特徵；當時東歐貴族一心以權勢如日中天的哈布斯堡家族為效法對象，因此也盡力模仿西班牙時尚。

〈執扇仕女〉

約1628年，華盛頓特區國家藝廊

◂▸

　　這是安東尼・凡戴克[20] 所繪的1620年代末期義大利富家女性典型打扮，她的服飾展現出強烈的北歐風格。在伊莉莎白時代的奢華鋪張之後，這個時代相對而言特別有簡樸之風，但我們仍能看出當時女性追逐衣著時尚的大大小小心思具體呈現。

....

這位模特兒在裙子與緊身上衣外面又加一件全身長度的無袖黑絲綢外袍（在英格蘭稱為「晚袍」〔nightgown〕），這東西只流行了一陣子，是女性衣櫥中可有可無的一項選擇，前方開口，以飾帶環繞繫結固定。晚袍長及地面，但在這時代很少會長到曳地的程度。

由框條（稱作slit，有時又被稱為「三色菫式」〔pansied〕）構成的藕節袖（virago sleeve）在前臂處合身，用絲帶將一條條框條綁在一起並強化效果，絲帶色調與繫腰飾帶相同。藍道・赫姆[21] 在1688年出版的《紋章學研究》中描述藕節袖或「開縫袖」（slasht sleeve）為「袖子從肩部到貼近手部處裁成許多長條或片子（fillet），在手肘處以緞帶等物綁起來」。[22]

領口寬而方正（緊身上衣背後領口位置較高），上面覆蓋領子或蕾絲邊的真絲布。在此不久之前，1620年代早期流行的則是以金屬線加固的立領，在歐洲被稱為「大襯領」（rebato）。

緊身上衣本身長度很長，主要是由繫腰飾帶與其位置來做出高腰效果。

為了搭配1620年代晚期的緊身上衣形式，三角胸衣底端呈現窄尖形（稱為「峰」〔peake〕），此處是以裝飾性的小垂片與金邊來收邊。

她左手執一把闔起的扇子，扇子用粗金鍊繫在腰帶上。

筒狀外翻長袖口通常是麻布材質，以蕾絲飾邊。

〈韓莉葉塔・瑪莉亞王后〉

1633年，華盛頓特區國家藝廊

◆

　　查理一世的王后韓莉葉塔・瑪莉亞（Queen Henrietta Maria）來自法國，是宮廷畫家安東尼・凡戴克最愛描繪的人物之一，據說她為他擔任模特兒的次數高達二十五次，但也有紀錄說她對時尚並不那麼在意。這幅肖像中她穿著絲質服裝現身，後人常稱這種服飾為「獵裝」（hunting outfit），但據考證17世紀早期尚未出現專為打獵而訂做的女性衣物。不過，她衣服上帶有男裝特質的部分確實顯示女裝設計受到騎馬活動的影響。

....

垂班德領於頸部繫緊，垂蓋於肩上，男裝也可見到這種設計。

比起前一個例子，此處三角胸衣底端變得更圓，線條也較柔和而呈U字形。三角胸衣是用別針別在這類緊身上衣前方扣合處。[23]

上衣兩側方形長垂片環繞腰線，與男裝短衣的設計非常類似。

韓莉葉塔・瑪莉亞身上裙子與緊身上衣所用的藍素緞上面有淺切口，這種工法在整個16世紀都很流行，到了17世紀又有某種程度的復興。

袖子收束成圓膨狀以增加體積。這種風格的袖子早期有時會以人造的「邦巴斯特」（bombast）來造型，也就是由羊毛、馬毛、亞麻或破布等各種材料做成的墊子。[24]

寬領巾末端繞住腰部一條窄腰帶來固定。

麻布裁剪成鋸齒狀層層重疊，製作出富有放縱奢華之氣的袖口。兩朵鮭魚粉紅的花結為緊身上衣添上另一抹顏色，當時不論男女裝都流行使用緞帶結和蝴蝶結來點綴。

三角胸衣、緊身上衣垂片以及裙襬等邊緣都鑲著數排辮狀金帶子，裙子和袖子的縫線上也有。

這個時期的裙子通常完整無開口，也沒有曳地裙襬，結構相對簡單。

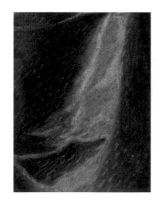

皺褶領與寬簷帽女子全身像

1640年，華盛頓特區國會圖書館

17世紀蝕刻版畫家（etcher）溫瑟斯勞斯・侯拉爾（Wenceslaus Hollar, 1607-1677）的作品是服裝史研究者眼中珍寶，因為他對17世紀早期到中期男女衣著描繪非常詳細且取材廣泛。侯拉爾對洋裝很有興趣，認為這是個值得記錄的題材。他在畫作中呈現不同布料、飾邊與飾品的高超技巧，使他的作品極具史料價值。

低領口上覆寬大蕾絲巾。在這十年內，圓形或方形的低胸露肩領開得愈來愈低（也愈來愈寬，更加靠近肩膀邊緣）。

17世紀前半，特別是在荷蘭，已婚女子會配戴橢圓形的寬大皺褶領。

緊身上衣上最顯眼的地方有兩個蝴蝶結，這類簡單的緞帶飾物在當時非常盛行。

腰線相對而言仍舊偏高，但稍稍下降到本圖女性所穿的圍裙底下的位置。

那時候的外袍袖子非常膨滿，底端寬袖口位於手肘下方一點點的位置。下面佛蘭斯・哈爾斯（Frans Hals）這幅肖像作品中可見效果類似但更寬大的袖口。

緊身上衣前方開口裡面填了一片三角胸衣，再用繫帶穿過兩側來固定。

裙子腰部打褶很深，底下有臀筒墊來撐出體積感。

這種只有下半截的圍裙在當時是流行服飾配件之一，純粹裝飾用的圍裙通常是用絲綢或細麻布製成。圍裙在英格蘭特別與清教徒衣著風尚有關，這類圍裙就幾乎不會使用棉或麻以外的布料，且上面絕對沒有任何裝飾。[25]

佛蘭斯・哈爾斯，〈女子像〉，約1650年，紐約大都會美術館。

薄綢銀裙

約1660年，巴斯時尚博物館

英國這件精美的銀絲兩件式外袍是現存最古老的完整洋裝範例之一，尺寸較小但不減其光華。博物館館方認為它的擁有者是個女孩或追求時髦的少女，很可能是在進宮時或其他正式場合穿著。

一般來說此時緊身上衣的袖子都很短，但它最短的時候是在1670年代。後方的彈帶型褶襇（cartridge pleats）做出袖子的體積感。在這個例子裡，衣袖長度是藉由下方露出的寬襯衣（chemise）袖子來繼續延伸，邊緣飾以蕾絲，袖口束帶以造成蓬鬆感。

這件緊身上衣的袖子上有切口，讓寬襯衣能從裡頭露出一小塊出來。

緊身上衣仍有垂片，但相較之下極小又極窄，裁在人體自然腰線的位置或較低處，並被裙子覆蓋。

裙子以彈帶型淺褶襇與腰帶相連，形成這時期外袍上常見的緩和圓膨造型。裙子下面會有一件襯裙以及纏在腰上的筒墊。

真絲為經、金屬絲線（銀線）為緯織成的華美布料，料子上閃爍微光的銀會在17世紀燭光映照之下閃閃發亮，這精緻秀雅之美使這件衣服被稱為「薄綢銀裙」。

橢圓形寬領口兩旁幾乎要掉出肩膀外頭，其設計目的是要包裹並支撐上半身，襯托出女性的肩頸。

方形剪裁的蕾絲垂領繞在領口周圍，邊緣有三角形尖角造型。人人皆知清教徒反對給衣物上漿，因此這種衣領設計在王政復辟前幾年變得特別常見。

緊身上衣的長度從1640年代到1650年代逐漸增加，於是衣物腰線在1660年代達到最長也最尖的程度。兩條傾斜的縫線從腋下向下延伸，會合於前緣頂點。

這段時期的外袍常在前方開口露出底裙，但這件衣服是個極佳的例外範本。荷蘭藝術家內切爾（Caspar Netscher）約1665年的作品〈牌戲〉中也可看到類似的設計，圖像中清楚呈現這類連衣裙從背後看起來的模樣（注意下方左圖短短的曳地裙裾以及開得低且深的袖孔），下方右圖紅色外袍上有與「薄綢銀裙」上形制類似的金屬蕾絲，同樣的蕾絲也出現在緊身上衣、袖子和裙子上。

服裝縫線處布置著這種特殊的銀質針繡蕾絲花邊（needlepoint lace）。針繡花邊是種只使用一根針與一條絲線製作出來的蕾絲，藉由無數針腳來呈現出結構與設計。蕾絲底下壓著粗銀線，構成卷軸般的橫向花樣。[26]

卡斯帕・內切爾，〈牌戲〉（細部），約1665年，紐約大都會美術館。

〈接生婦〉

約1678到93年，洛杉磯郡立美術館

◆

法國藝術家尼可拉斯・波納（Nicolas Bonnart, 1637-1718）的雕版畫描繪17世紀各種關鍵的時尚風格，是研究者的重要資料。這幅圖的主題是「接生婦」，圖中華美外袍已經可以看出女裝下一場主要革新（也就是曼圖亞式外衣）的最早期發展。

歷史上的此時，社會上似乎並不要求上流女性出門時必須覆蓋住頭部；事實上許多種帽子在室內室外的使用頻率都一樣高。街上常可見女性穿戴這類頭巾或風帽，有時還搭配半截面罩（half-mask），但目的多是為了遮風蔽日而非符合社會禮教要求。

緊身上衣仍舊偏長，腰線收尖，肩線很低；短膨袖下露出更大一截襯衣袖子，前方尖形位於低處。上衣背後腰線通常是平滑圓形。這時候的襯衣會有很大一部分被露在外面，因此它的領口與袖口都有華麗蕾絲飾邊。

肩膀上圍著寬蕾絲領，當時偶爾會稱這種領子為「拂子」（whisk）。

到了1670年代，外裙前方開口加大，並開始將兩側布料抓提起來固定在後方，形成不那麼誇張的波浪狀垂幔（swag）。這種設計會慢慢發展成曼圖亞式外衣的樣子，曼圖亞式外衣是流行於17世紀晚期到18世紀早期的正式外袍。[28]

裙子往後收，露出底下顏色鮮豔且有花紋的襯裙，襯裙的藍色與袖子上裝飾用花結相呼應。藍道・赫姆在1688年記載道：「開口裙……在前方開口，這樣就能把華麗貴重的襯裙整個展露出來。」大部分情況下，襯裙的顏色與料子會與緊身上衣和外裙有明顯不同。[27]

外裙裙裾很長，用扣子與扣襻（button loop）或鉤子拉起來固定。隨時代演變，裙裾就愈來愈往上拉而遠離地面。

〈美麗的訴訟人〉

約1682到86年，洛杉磯郡立美術館

◆

　　寬式曼圖亞（下頁有詳細分析）在1680年代成為很常見的服飾，但因為它相對而言較不正式，路易十四對這種服裝非常反感，且禁止它出現在法國宮廷裡。因此，宮中仕女必須繼續穿著在他處早已退流行的僵硬緊身上衣，這類服裝風格也以宮廷大禮服的身分被保留下來，直到法國大革命為止。[29] 本頁圖像呈現舊式風格緊身上衣搭配新發展出的裙子布料與造型。

低胸露肩領開得極低且極敞，搭在肩膀邊緣，以稱作「抵肩」（tucker）或者「領布」（pinner）的細條布料收邊。

用緞帶繞在手臂上打蝴蝶結，通常打在襯衣衣袖上面或衣袖基部。圖中可見頸部與腰部也有同樣色系的緞帶結。

外裙垂幔狀的部分拉得很高，緊貼著髖部做成圈狀，褶襉垂落而下鋪洩成為長裙裾（這在當時是非常時髦的設計），也就是說從前方或兩側都能看到底下豪華的襯裙。

為了將外裙拉開並提高固定在背後，必須使用稱作「巴黎臀」（Cul-de-Paris）的假臀墊；這個配件到了17世紀末已成為曼圖亞式外衣的基本構造。

襯裙上一條有裝飾的垂直裂口，裡面露出手帕一角，這表示襯裙底下另有一個單獨的口袋繫在腰上。

1680年代以降，髮型變得比較柔和也不再那麼高聳，此時白布帽（cornet）成為流行的遮頭飾品。比起1690年代和1700年代早期流行的芳丹高頭飾（fontange），白布帽高度較低結構也較簡單，由一頂小帽與幾片長垂布（lappet，裝飾性的垂邊或褶層）組成，垂布覆蓋臉部兩側，底端披在肩頭。[30]

底下襯衣袖子袖口做成皺褶狀。

圖中這副長及手肘的長手套是宮廷裡正式服裝必備配件。

當時流行條紋面料，通常是直線或橫線（或像此處所呈現的並用）。圖中線條以銀色繪製，暗示這件襯裙可能用上了金屬絲線來裝飾。[31]

曼圖亞式外衣

約1690年代，英國，紐約大都會美術館

◆

　　曼圖亞式外衣即「開放式外袍」（open robe），從一片簡單的T字形布料衍生而成，從肩膀以下用一系列打褶來做出曲線，貼合每一個穿著者的獨特身形。最後以帶子固定。曼圖亞式外衣的出現開啟了衣物製造業的嶄新階段，也就是女性裁縫師或稱「曼圖亞裁縫師」開始受到雇用。這些女性缺乏男性裁縫師所受的訓練，她們利用簡單的T字形布料為基礎來縫製早期曼圖亞式外衣，此種布料裁剪方式原本就被用來製作寬襯衣和晚袍。最早用來製作這種服裝的布料是義大利曼圖亞生產的絲綢，因此這種服裝就被命名為「曼圖亞」。

領口有平坦飾邊，延伸出來成為兩片刺繡布料所製的粗翻領，交會形成緊身上衣胸前兩襟閉合處。這件外衣似乎不需搭配三角胸衣穿著，這點與當時許多外衣皆不同。

四種不同色調構成衣物羊毛布料上的條紋圖樣，衣服中央三角形點綴以銀線繡的蕨葉花紋。裁縫師敢於強調布料縫邊處，這顯示17世紀晚期曼圖亞式外衣製造者高超的打褶技術。下圖瑪莉王后像中也可看見類似圖樣的布料，以及同樣的反折袖口（turned-back cuffs）和不用搭配三角胸衣的前閉式緊身上衣。[32]

芳丹高頭飾有時又稱費隆日頭飾（frelange），出現於17世紀最末。這個曇花一現的流行時尚是種高聳的頭飾，通常由蕾絲或薄紗製成，以金屬線張成網架來固定形狀。1694年的《仕女辭典》（The Ladies' Dictionary）說：「『芳丹』是種時髦的頭頂花結，法國國王情婦之一芳丹女士[33]率先配戴此物，因而得名。」上述辭條內容出自一關於芳丹女士的一個故事，說她與國王共騎時依照規定必須脫帽，當時她用以束起頭髮的緞帶垂落前額，這般風情使國王迷醉不已，要求她當晚也做如此打扮。芳丹高頭飾很快在宮廷女子之間流行開來，並迅速傳遍歐洲各地。

約翰・史密斯[35] 仿楊・凡德瓦特[36] 所作，〈瑪莉王后〉，1690年，華盛頓特區國家藝廊。

皺褶袖口（sleeve ruffles，較長的版本此時稱「昂格瓊」〔engageantes〕）大概是另外縫上，而非屬於底下襯衣的一部分。此處展示的皺褶袖口是以精緻的針繡吉普爾蕾絲（guipure lace）所製。

這時期大部分曼圖亞式外衣都將裙部呈環形高高紮在髖部上方，露出底下大片襯裙。從這件襯裙上面金線繡花的面積看來，很明顯是要讓穿著者把它露在外頭展示。[34]

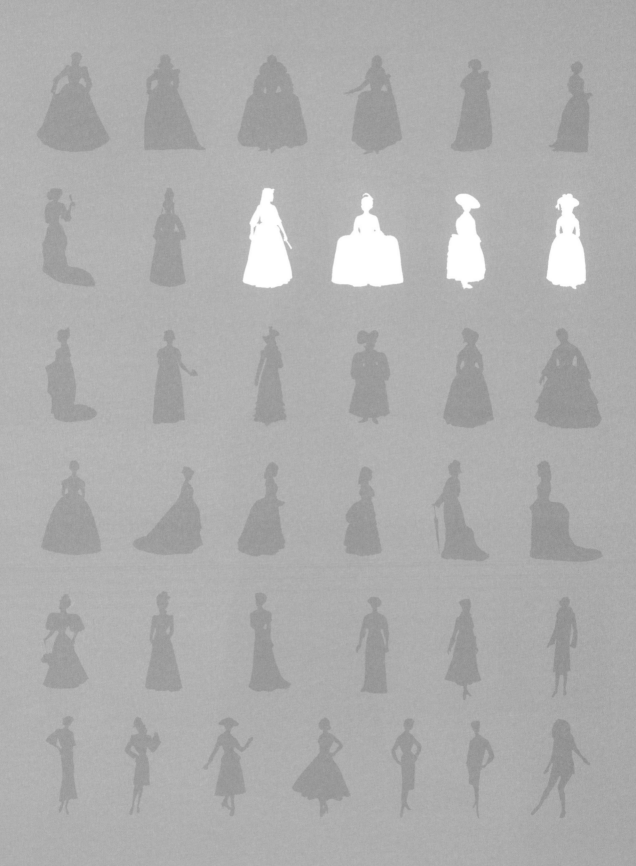

第三章

1710–1790

　　讀到18世紀女性時裝的資料時，會發現主宰風潮的力量似乎總來自法國或英國；這有一部分是因為其他地方政治地理不統一，也就是說日耳曼和義大利地區（尤其是後者）諸國在世界舞台上都是次等玩家，洋裝風格深受地區傳統影響，且義大利在衣著流行方面還被奧地利與西班牙壓得抬不起頭來。義大利在文藝復興時代曾是時尚界第一把交椅，但這時它的裁縫業出口量與影響力已經微不足道。與此同時，俄羅斯長久以來就對法式衣裝無比憧憬，斯堪地那維亞各國也繼續維持親法立場而不動搖。[1] 雖然整個18世紀所用的時尚詞彙滿滿都是法文字詞與短句，英國人卻仍堅定實踐他們自己對於風格與優雅的定義，同時對這位離他們最近的歐洲芳鄰發展情形保持一種既敬重又帶著警戒防備的態度。兩國在18世紀裡不止一次兵戎相見，但這似乎只更加重它們對彼此的好奇與競爭意識。以這般「法國中心論」為基礎，18世紀時尚主要包括三種主要外衣形式：法式女袍或稱袋背外衣、波蘭式女袍（robe à la polonaise）、英式女袍（robe à l'anglaise）。本章將介紹這三種風格與其重要的變化形，並簡單綜述這個世紀主導女裝設計的幾個關鍵趨勢與影響。

　　袋背外衣又稱寬外服（sacque），是長度很長的外衣，背後兩肩之間布料做出內凹的深褶。這種衣服原本前後都很寬鬆，留下相對散亂的褶襉不加縫紉，使其自由垂落至地面。到了1730到40年代，外衣結構變得清楚許多，包括工整的褶襉以及貼合軀幹的緊身上衣。緊身上衣是七分袖，典型做法是以大片可拆卸的蕾絲袖口（稱作「昂格瓊」）來裝飾袖子前緣。袋背外衣穿在寬大的扁裙撐（pannier）或側裙環（side hoops）外面，讓裙子前後變得相當平坦。17世紀最末幾年，這種服飾主要是作為宮廷衣著或是「全裝」（full dress）使用，一般人面見國王時這樣穿，這也是高級貴族與皇室家族成員平時使用的衣物，外衣無論收邊或裝飾都精緻費工，裙子用繩子繫起垂掛在兩側，類似波蘭式女袍。作為宮廷禮服的袋背外衣裙子寬度也達到史上高峰，以最極致的方式展現穿著者是何等富貴閒人。

　　波蘭式女袍（名稱源自1772年瓜分波蘭的歷史事件，可能也與那首著名的華爾滋舞曲有點關係）型態是一件與緊身上衣一體裁製的前開式外袍，外裙在前方開口，露出裝飾過的襯裙。[2] 外袍會被上提收攏成具有美感的垂幔狀，當代法國文獻中常稱這種做法為「捲束」（retroussée），所用的束繩可能隱藏起來也可能呈現在外。這種服裝雖然名字聽起來很有那麼回事，但其實它的登場代表人們開始以比較輕鬆、比較「質樸」的態度來看待連衣裙；田園藝術家很愛採用這種風格的女裝，描繪牧羊女和「鄉下姑娘」過著浪漫而無憂無慮的生活。事實上這股時尚風潮很可能源自於勞動階級婦女；窮人家穿的衣服當然比

卡拉科夾克
1760到80年
洛杉磯郡立美術館

伊莉莎白・維傑・勒布倫[3]
〈瑪莉・安朵娃奈特〉
1783年後
華盛頓特區國家藝廊

這要簡陋得多,但她們確實會用比較短一點的底裙,並將外裙提高束起遠離路面塵土,這樣幹活的時候會方便不少。有時候穿著者會乾脆把部分裙子直接穿過袍子上的口袋開口拉出來。當這種洋裝被引入時尚界,穿著它的大多都是年紀較輕、走在流行尖端的女性,上面也被添加皺褶花邊與飾邊,讓它與原本實用取向的機能性原型差了十萬八千里。

波蘭式女袍的結構在某些方面類似它的後繼者英式女袍,後者是種密合式外袍,之所以說是「密合」是因為它的緊身上衣是緊密貼合穿著者軀幹線條來縫製。英式女袍在1780年之前都不算流行,但因為它與波蘭式女袍在結構上大同小異,且外裙常提束成相同的「娥圖西」模樣,因此兩者名稱常被混用。法國大革命之前,實用性低的袋背外衣是奢侈與財富的標誌,與波蘭式女袍在時尚界並存,直到英式女袍和更簡單的圓弧袍(round gown,攝政時代[4] 帝國式腰線〔empire waistline〕女裝的早期版本)在1790年代成為常見女裝,象徵崇尚古希臘羅馬簡淨線條的風氣。諷刺的是,最早開始帶動女性較簡化、較少繁複設計的連衣裙穿著風氣的人,八成就是被法國人民眾口謔稱為「赤字夫人」的瑪莉・安朵娃奈特,這諢名很高程度來自她為追逐時髦不惜一擲千金的態度。1783年她在凡爾賽宮突發奇想蓋了一座農場「王家小村」(L'Hameau de la Reine),恰與「古勒裙」(gaulle)這種服裝的出現同時;這是一層層平紋細棉布(muslin)或一般棉布層層疊製的女裝,只在腰間綁一條簡單飾帶來顯現出身材。這種衣服後來被稱為「王后的寬襯衣」(chemise à la reine),與女用寬襯衣或寬鬆直筒連衣裙(shift)非常相似,因為伊莉莎白・維傑・勒布倫1783年為王后所繪的那幅肖像(左頁下圖)而開始成為時尚舞台主角;另一方面,這種衣物很顯然也是1790年代末期那種重量很輕、貼合曲線、且起初被視為傷風敗俗的外衣之先驅。

直到18世紀中葉之前,包含緊身上衣與三角胸衣(一片三角形布料,通常覆蓋在束腹上)的一件式外衣一直是時髦女性衣櫥中必備良品。不過,到了大約1730至1750年間出現變化,下層勞動階級婦女日常穿著的幾種東西,像是襯裙搭配夾克的穿法,也被上流仕女改造為非正式場合的著裝。一開始由於這種做法十分新穎,像卡拉科夾克(caraco jacket)這類衣服多半作為睡衣使用;但隨時間過去,這類衣服的實用性和可能性讓人們愈來愈常穿它們出外露臉(如左頁上圖)。所謂的「短袋背外衣」(Pet en lair)是縮短後的袋背外衣,長度約及於大腿處,與襯裙搭配穿著。[5] 此外,人們也發現這類衣飾很適合作為旅行服裝使用,於是發展出了旅行專用的七分長度連帽布倫瑞克式外衣(brunswick),布倫瑞克式冬裝時常以較厚實的毛氈布為材料,是歐洲與美洲寒冷冬季裡兼具美觀與實穿性的衣著。

真絲曼圖亞式外衣

約1708年，英格蘭，紐約大都會美術館

◆

　　這件外袍與前章最末介紹的衣物線條相似。曼圖亞式外衣到1700年已被視為正式衣著，圖中衣物是由兩大片未經剪裁的絲綢縫紉而成，使其自然垂墜並加以打褶來貼合穿著者身形，與更早版本的曼圖亞式外衣一樣。

....

這件曼圖亞式外衣是所謂「奇圖絲綢」（bizarre figured silk）的絕佳例子，此處的是粉紅花緞帶綠色圖案。奇圖絲綢的特點是花樣偏大，使用絢麗奪目的金線或銀線穿梭其中，此處這個例子的圖案是風格化的花朵形狀。這匹搶眼而昂貴的布料生產於1695到1720年之間，能讓一件日常外衣搖身一變成為華服，表示這件衣服的穿著者是個走在時尚前線的人，對當下融合亞洲風的最新風尚瞭若指掌。倫敦著名的斯皮塔菲德區（Spitalfields district）織工在英國推廣這類設計圖案的使用。[6]

數位影像，出自蓋帝圖像開放內容計畫。

上圖是一幅法國雕版畫的局部，呈現仕女身上的曼圖亞式外衣有著類似裙部垂幔造型、寬鬆袖口，以及邊緣飾以細軟皺褶的三角胸衣。圖中可見女士就坐時如何優雅安放臀墊（bustle）與裙裾。

華麗的三角胸衣需要以好幾個別針固定，因此穿脫這件衣服是一件複雜且耗時的大工程。曼圖亞式外衣在頸部通常也是以別針別在定位，其他部位則以飾帶和寬鬆針腳來固定（如本圖所示）。

袖子收束處相對而言較寬也較膨滿，使用與緊身上衣本體分開的另一塊布料來裁製，末端寬大袖口在前方頂上加上幾道小褶襉來造型。

外裙拉高在背後做出膨起狀，然後垂落成長環形裙裾。布料上留下的小孔洞顯示後腰這處膨起原本是用針線固定住，不過關於其他例子的紀錄中也有使用鈕扣和扣襻來控制布料垂墜狀態的做法。[7]

襯裙飾邊是扇貝形狀的抓褶荷葉花邊，用的布料與外衣本體相同，縫在衣物上的時候將布料不收邊的一側朝上。

淺藍絲質曼圖亞式外衣

約1710到20年，倫敦維多利亞與亞伯特博物館

◆

這件外衣由水果與樹葉圖樣的絲綢製成，並使用銀線來強調圖案中某些部分，顯示當時自然主題在織物設計中受歡迎的程度。這件外衣呈現女裝風格正在一點點轉變，逐漸變成袋背外衣（或稱法式女袍）的模樣。

尚─安東尼・華鐸[8]，〈習作：三個女人〉（細部），約1716年，蓋帝圖像開放內容計畫數位影像。

衣物背部這種類似袋背外衣的深褶常被稱為「華鐸風」，因為尚─安東尼・華鐸對女裝這個部分情有獨鍾，常在畫作裡加以描繪。這幅素描約作於1716年，畫中是較早期的版本（類似本頁圖例的後背上身），布料打褶縫合的做法後來會改成令其自然垂墜。

方形領口從曼圖亞風格早期開始流行時就是時尚要素，18世紀大部分時間內依舊受歡迎。

到了大約1720年，曼圖亞的剪裁方式變得更複雜，不再只由單純的T字形布料構成。這件外衣呈現當時袖子已經是分開裁製，然後再縫到袖孔與上衣本體結合。

縫在領口邊緣的平面直條長布料是這時期常見的服飾特徵。以前曼圖亞式正裝外衣上的這片布料會往下延伸成為複雜垂幔造型，此時下方的部分已經沒有了，但上方的部分還保留著。

16世紀流行的裙撐消失以來，此時女裙又開始使用一種新型裙撐，製造出此處所見的鐘形輪廓。[9]

從大約1710年以來，鮮少有曼圖亞式外衣上看得到裙裾；相反地，裙腳是整個提起來，從背後縫在位置上固定。

閃光塔夫綢法式女袍

約1725到45年，洛杉磯郡立美術館

◆

到了1720年，曼圖亞式外衣與提高紮起的裙子已經變化成另一種相對而言較簡單寬鬆的外衣，稱作「飛袍」（robe à volante）；這種很快就退潮的風格特徵如下：背後褶襉自由垂落，腰部不加收束合身。本頁圖是接續飛袍之後出現的一個早期例子，開始使用壓平的所謂「華鐸褶」，從肩部一直垂到地板，貼合穿著者背部線條來剪裁。

背後褶襉承繼曼圖亞式外衣的結構，從肩部縫合直到比腰部高一點的地方。本書後面其他例子裡，背後褶襉縫在緊身上衣裡布上的部分只到肩胛骨的長度，有的甚至完全不加以縫合。

與前面的曼圖亞式外衣相比，這件衣服的袖子較緊，袖筒也較窄。

這件外衣上分開的翼式袖口（winged cuffs）是18世紀早期女裝外衣特有，後來會逐漸演變成合身的層疊造型，從手肘處開始漸次向下懸垂。

一點點裙裾能夠強調出最新流行背部褶襉的流動飄垂感。此時裙裾完全由外衣本體布料構成，不做任何垂幔造型。

三角胸衣上面以手工精準繡出菊花與葉片圖樣，精緻奪目；上方壓著穿梭交叉的金帶子。18世紀後期有錢婦女的洋裝通常會把飾邊做得比此例華麗更多。

裙子的輪廓依舊保持渾圓，但前方有漸漸變平的趨勢，兩側也逐漸變寬，成為典型袋背外衣或法式女袍的模樣。本章後面還有其他例子，展現裙襬「前後扁兩側寬」的型態更為確立，且左右寬度也更大。

這件外衣的奢侈處在於用來裁製它的絲綢，光澤流動的昂貴閃光塔夫綢（shot taffeta）。閃光絲綢在整個18世紀一直很流行，也是這套衣服的主角，外衣與襯裙都是以此製成。

開放式外袍

1760到70年，英國或法國，雪梨動力博物館

◆

稜紋浮花（lisere brocade，用浮起的經紗或／以及緯紗呈現圖案的基本織法）深藍素緞裁製的開放式外袍與襯裙，[10] 細緻的花朵圖樣設計靈感來自自然與人為創作，某些葉片上是纖巧的網狀蕾絲紋樣。襯裙與外袍用的是同樣布料，讓整套衣服擁有一致性，且能突出織造工藝的精良。

....

乳白色網狀衣襟是後來添加的部分，現在已被博物館館方移除。不過，依照當時衣著時尚以及領口的深度，我們幾乎可以確定這件洋裝穿著時一定會搭配某種覆蓋肩頸部的飾物。[11]

日間服飾的袖子變得較長而緊，造型也較簡化。衣袖由兩片獨立的布料縫成，以做出微帶曲度的合身剪裁。

領口形狀極寬極低（但緊身上衣背後領口是高的），與方正而深的腰線相映成趣。

裙子以後片連身（en fourreau）的方式與緊身上衣連成一氣，穿著時以小臀墊（臀筒）在底下撐出背後部分的體積感，裙子後方做出一連串些微收束的淺褶襇。看看衣物內部，這件裙子似乎從腰部到裙襬附著一系列繩帶，可以用來將裙布綁在不同位置，將這件衣服變化成波蘭式女袍的樣子。

請注意：這套服飾上沒有三角胸衣。這是英式女袍的早期版本，緊身上衣前方閉合，因此中間不再需要額外配件來支撐。不過，緊身上衣前方舌片對襟處（tab closures）以鉤子與鉤眼來相合固定，這個部分除了功能性以外或許也有裝飾作用。上圖出自洛杉磯郡立美術館館藏，三角披巾（fichu）當作領巾，往前垂的兩個角可以穿過舌片開口處露出來。

裙子由六片布料組成，底裙也以相同布料裁製，從前方開口處露出。

羅緞錦法式外袍

約1765到70年，英國，洛杉磯郡立美術館

◆

布料與飾邊依舊奢華，結構複雜程度也未稍減，但從這件洋裝已可看出些許徵象，顯示女裝正向一種較俐落、較少累贅的風格發展。衣服上最主要的裝飾在於布料圖紋，裁製者特別用心讓衣物四面八方的圖樣都工整對稱。

....

到了這個時代，外衣上裝飾性的小褶邊（robing）通常都用與衣物本體相同的布料來收邊，但這個例子上卻可見十分華麗的金屬蕾絲花邊。

進入1770年代，褶襉變得較窄，同時朝緊身上衣背部中間靠攏。較早之前的時裝常把褶襉上方幾吋縫在洋裝裡布上，但到此時已經很少見到這種做法。

外衣主體部分使用羅緞錦（silk faille，中等厚度的布料，沿緯紗有肋狀紋理），上以金屬線繡花，用的繡線包括稱作「薄層」（lamella）的平坦金屬薄片、稱作「菲勒線」（file）的金屬繡線、以及稱作「斐瑟線」（frise）的金屬蠶絲混合繡線。[12] 繡花者通常是專業的繡工而非裁製曼圖亞式外衣的裁縫師。這種刺繡工法呼應當時普及的審美觀，將布料本身花紋與外加的裝飾結合在一起，成果氣派豪華，能在18世紀舞廳或飯廳的燭光下熠熠生輝，展現財富與地位。

這件洋裝上已經看不到裙裾，同時女裝外衣其他部分也變得愈來愈崇尚簡潔與流線感，兩者是一致的發展。

緊身上衣所搭配的前鈕扣三角胸衣（compere stomacher）上有更多裝飾性小褶邊，還有包布的裝飾用鈕扣，乍看之下讓人誤以為這件緊身上衣是從前面扣起來。這種三角胸衣的設計靈感有部分來自男裝，其功能性可能不小於美感效果，到了三角胸衣愈來愈退流行的1770年代那時尤其如此。[13]

三層「昂格瓊」假袖子延伸到袖管前方，在那裡以一朵大型扁平蝴蝶結收尾，製作蝴蝶結的布料與外衣其他部分相同。

為了讓髖部的寬度縮小，通常會使用較有彈性的側裙環或口袋式裙環（pocket hoops），由兩個獨立的裙環組成，裙環之間以帶結相連，在前方繫緊。這種裙環穿在身上所撐出的輪廓會比原先盛行的要較小也較圓。

絲質英式女袍，裙部波蘭式垂幔造型

約1775年，洛杉磯郡立美術館

原始版本的波蘭式女袍緊身上衣與裙子是一體成型（類似男性長禮服大衣的裁縫方式），裙子在背後分成一塊塊提高束起。隨著這類垂幔造型受到歡迎，其他種類的女袍裙子也混入此種設計。這個例子展現較正式的英式女袍如何被加以改造，顯示18世紀後期女裝的變化性與可供選擇的繁多樣式。

如圖中的三角形刺繡披巾能為整套衣物背部增添額外姿彩，也能端莊遮掩女性穿著這些低領口外衣時暴露出來的部分胸口。

裙子上這兩組波浪狀垂幔的位置與形狀都代表當時一種流行風尚，但並不是放諸四海皆然。某些例子中的外袍前方沒有留下垂墜的部分，也有些在背部中央會多做一組膨起皺褶。

鋪棉襯裙不僅實用，而且能襯得一件時髦女袍更加賞心悅目。襯裙內層襯料既可保暖也能讓衣物更耐用，從外側可見的菱格縫線既美觀又可增添衣物紋理的豐富性。

這件襯裙裙襬長及腳踝，這種設計源自於注重實用的勞工階級衣著。當它被時尚界採用之後，有個好處是能讓裙下一對纖纖花鞋若隱若現，達到最佳視覺效果。

大型牧羊女草帽（bergère hat）能平衡裙子的龐大體積，讓穿著者腰部更顯纖細。

袖子窄管合身，長度僅及手肘下方。全長的袖子是新流行，但七分袖在1770年代仍舊很常見。

緊身上衣與裙子分開裁製，然後以後片連身（en fourreau，意即「刀鞘狀」）方式相連接，這種裁製洋裝的技術是使用一長片完整的布料來同時構成緊身上衣的一部分與整件裙子，讓背部中央保持完全的流暢平整，形成一個漂亮的深V字形作為視覺焦點。裙部布料其餘部分收束做出細褶襉，縫在緊身上衣上固定，強化底下加墊小臀墊撐開裙子所造成的體積感。

外裙用底下一系列的帶子往上提綁來做出造型，當時也很流行將固定用的帶子或鈕扣放在外衣表面，如同同館館藏系列另一件外衣細部所示（約1770到80年）。

另一種做法是將裙子一部分穿過口袋開口，這樣做出來的效果稱為「塞口袋洋裝」。勞工婦女平時就會這樣做，以便讓裙子不會妨礙到工作；這種多功能、多變的效果是這類衣物主要優點之一，在它被引入時尚界之後依然如此。

真絲斜紋布英式女袍

約1785年，法國，洛杉磯郡立美術館
◆

　　藉由一些暗藏機巧的裁縫技術，英式女袍得以呈現相對簡約的造型，其中一種就是以後片連身（刀鞘狀）的方式剪裁裙子布料，這種工法我們已在前一例加以說明。裙子底下墊著幾個小臀墊，以將裙身撐出所要的體積感。

....

在1780年代，女性日常衣著通常包括一條遮蓋頸部的薄巾（三角披巾）。圖中這條將肩部完全覆蓋，前方兩個角塞入上衣領口內。

這件衣服的袖子是七分袖，窄而合身，上面幾乎沒有裝飾。

背部中央由後片連身工法做出的深V字形是這件洋裝上一個很顯著的特徵，兩側膨鼓的裙子與大片的彈帶形褶襉更強調出此處特殊造型。[15]

六塊精準裁切的布料，朝向連接裙子的尖點處逐漸收合，形成緊身上衣那做工精良的背部形狀，這需要非常高超的裁縫技術。新式縫紉工法的難度逼使女裁縫師必須更進一步擴充自己的十八般武藝。更早之前，婦女衣櫥中那些具有清楚結構的衣物大都是由男性裁縫縫製，其中主要就是束腹和騎裝這類需要精確剪裁的服飾。[14]

條紋圖樣在18世紀下半葉大為流行，這種布料最早在1760年左右開始被用來做洋裝，當時布面條紋之間通常會夾雜帶花枝葉圖案（見前頁波蘭式女袍的例子）。不過，從1780年代以來，單純的條紋變得愈來愈受喜愛，新縫成的外衣上頭幾乎再也看不到之前的花草花紋。

英式女袍

1785到87年，法國，紐約大都會美術館

◆

　　據信這件洋裝應當是在大約1760年的時候裁製，最初它是一件法式女袍或稱袋背外衣，到了1785年它又被改造成此處英式女袍的長相。這麼多年來它應當還經歷過其他大小改動，不過文物保存專家在1971年讓它回到它在1780年代最耀眼的模樣。[16]

緊身上衣採用流行的「斜裁式」（cutaway，又稱為「區劃式」〔zone〕）設計，風格類似當時男裝外套。區劃式緊身上衣在軀幹前方不會用別針或鈕扣整片閉合，而只有最上頭會被扣／別起來，往下就斜斜朝外分開；也就是說這種緊身上衣前方有一整塊地方被裁掉，留下的大片開口用來展露底下的馬甲背心或假直幅（false panel）。上面敘述的斜裁式緊身上衣基本造型可見於庚斯博羅這幅肖像畫中。

三角披巾兩個角的長度拉長，左右纏繞過軀幹上部，皺褶花邊更增加它的存在感。這種配件的穿戴方法有很多種，圖中所示的方式在大約1780到1800年之間頗為常見。

簡單的七分袖，寬而無飾的袖口也由相同布料製成，徹底呈現這種服飾風格相較之下是多麼樸實無華、簡約俐落。

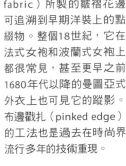

湯瑪士・庚斯博羅[17]，〈切斯特菲女伯爵安妮〉，約1777到78年，蓋帝圖像開放內容計畫數位影像。

緊身上衣下頭是一件有垂片的假馬甲背心，為這件女袍增添一抹陽剛氣息。

裙子上以原身布（self-fabric）所製的皺褶花邊可追溯到早期洋裝上的點綴物。整個18世紀，它在法式女袍和波蘭式女袍上都很常見，甚至更早之前1680年代以降的曼圖亞式外衣上也可見它的蹤影。布邊戳扎（pinked edge）的工法也是過去在時尚界流行多年的技術重現。

裙襬前方長度稍短，讓人看得見底下細跟鞋，這時代女鞋通常在足尖處會有帶扣或玫瑰花飾點綴。外裙後方較長，在沒有裙裾的情況下依舊能做出平滑垂流的線條。

絲綢與素緞女式騎裝外衣

約1790年，洛杉磯郡立美術館

◆

女士騎裝外衣（redingote）的設計靈感來自女性騎裝與男性厚大衣（greatcoat），擁有寬大的披肩領（cape collar），前方以鈕扣閉合；因為這個原因，所以這種衣服也被稱作「厚大衣式洋裝」（greatcoat dress），是很受歡迎的戶外活動衣著。[18] 女士騎裝外衣在19世紀繼續演變，受到軍裝不少影響，例如肩膀上的肩章（epaulette）以及橫越緊身上衣前方的數條辮狀裝飾。

....

構成披肩領的雙層大翻領（lapel）披垂過肩，在背後形成一個大三角尖，讓人想起整個18世紀都很常見的三角披巾形狀。[19]

後背以後片連身方式剪裁，這種技術本章前面已有介紹。

裙子後方中央這些以原身布包裹的鈕扣與男裝外套上所使用的相仿，外袍前方腰處也有這種扣子，就位在裙子上方。

在1780年代到1790年代之間，女士騎裝外衣和其他低領口女裝外衣都會搭配稱為「布馮」（buffons或buffonts）的上漿領巾來遮蓋領口內部。領巾尺寸可能大得誇張，用來做出「鴿胸」的效果（pigeon breast effect）。[20]

緊身窄管袖長度僅及手肘下方。

開放式外袍露出底下素淨襯裙，呼應領口誇張的布馮領巾和設計簡潔的袖口。裙子頂部的剪裁更加後縮，讓深凹的腰線能更清楚呈現。

女士騎裝外衣是較強調實用性的戶外衣著，因此沒有裙裾

棉布洋裝

約1790年，巴斯時尚博物館

◆

這件外衣十分有趣，呈現女裝正處在轉型期，它仍維持1770年代與1780年代那低而尖的腰線，但裙頭位置在背後和兩側已經提到接近高腰處，新與舊在此優雅地融為一體。這件裙子很可能原本是1770年代或1780年代的舊衣，後來才被改造成為新的模樣。

肩部些微打褶讓袖子有一點膨，這種做法在18世紀過去後也隨之消失，女裝衣袖在接下來的幾年都做得非常筆直平坦。

裙子原本接在緊身上衣下緣，後來被拆下來重新裝在胸線下方一點點處。

緊身上衣領口開得極低，這種低胸露肩領的形式非常寬大，我們幾乎可以確定這件衣服必須搭配領巾穿著，領巾末端塞進緊身上衣胸前。

緊身上衣在前方中央以別針固定或加以縫合。

長而尖的腰線反映1770到1780年代的時尚風格，與裙頭後方與兩側移動到高腰的新位置並陳，這種緊身上衣還是需要與縫有扎實骨架的錐狀束腹一起穿著（這種束腹已經主宰女性軀幹線條不知多久歲月），也可搭配新的半截束腹（half stays，或稱短束腹〔short stays〕），這也是一種轉變過程中出現的新型內衣，功能是包裹並提高胸部。這類束腹長度只到橫膈膜的位置左右，因為時興的腰線位置已經比人體自然腰線高出太多；束腹上有肩帶，腰部以下有時會伸出垂片，類似早期較長束腹的形制。

這件外衣搭配的襯裙清爽樸素，不與洋裝本身布料花樣搶風頭，與前頁圖例的女式騎裝外衣相同。

使用銅版印刷技術，就能在棉布上印出延續不斷的藤蔓花卉圖樣。這種技術出現於1750年左右，銅版呈現細節的能力使得它可以做出比滾筒印刷或雕版印刷更精確的效果。圖樣設計通常是將有色花紋印在自然色系底上，如這件洋裝所示。這種印花方式在19世紀早期非常流行。[21]

這件低領口緊身上衣腰線很尖，本頁主圖衣物修改前的原型大概類似這種模樣（英格蘭，1780到90年，洛杉磯郡立美術館）。

絲綢洋裝

約1785到90年，洛杉磯郡立美術館

◆

　　條紋圖樣在18世紀下半葉已經是女裝時尚寵兒，此處又有了新面貌。這件絲綢洋裝上的斑馬紋路呈現當時因拿破崙海外征伐而帶起的異域風情熱潮，但這股風潮起因並非是革命激情；法王路易十六在1780年代取得一隻斑馬，那時人們就已開始以牠那獨特的斑紋為基礎加以發揮，廣泛應用在各種時髦衣物上頭，這件衣服就是一個例子。[22]

從外衣領口看得見寬襯衣皺褶花邊，使這件衣服多了一抹思古幽情，不但使人想起16世紀與17世紀的時尚風格，也重現法國「舊制度」（Ancien Régime）時代的洋裝飾邊。

因為這類洋裝的輪廓既柔軟又圓潤，因此被稱為圓弧袍。緊身上衣與襯裙一體剪裁，從此女裝不再是由各自獨立的外袍、襯裙與三角胸衣組合而成。[23] 前方繫緊的設計讓背部構造一氣呵成，且能襯托出腰線的特殊高度。這件衣服的領口是用一條束口繩收緊，將觀看者的視線導引到最新流行的高腰設計上頭。

雖然簡約之風逐漸吹起，對希臘古典雪白雕像這般形象的崇尚也日益增加，但女裝上仍可見到鋪張奢侈的裝飾。從現存骨董衣物的例子顯示，18世紀嗜金愛銀的風氣此時尚未在富人階級之間消失。這類點綴奢華金絲線的晚禮服將18世紀錦衣玉帶的豪奢氣象與高腰洋裝優雅披垂的線條完美結合，其布料直接由印度輸入。

裙子前後皆打摺，並藉由洋裝內部腰線下方的小墊子來加強體積感。這種做法使背後裙子明顯膨起，大約1800年之後流行的高腰外衣上再也看不到這樣的造型。

長度只到手肘上方的直筒袖子是圓弧袍上極常見的特徵。在這個例子裡，穿著者手臂袖口以下的部分全被一雙長手套所遮蓋。

法式女袍的多層袖子特別流行使用扇貝狀花邊，此處的扇貝狀花邊則是用來為小巧裙裾增添情調。

裙襬上繁複的鑲邊飾帶（passe-menterie）綴有金銀亮片以及素色麻織花邊，構成一幅引人注目而又天馬行空的錯視畫（trompe-l'oeil）。

日用洋裝（圓弧袍）

約1785到90年，法國或英格蘭，洛杉磯郡立美術館

◆

　　這件洋裝展示時搭配三角披巾（繡花披肩或領巾）的裝飾造型。1790年代的女性常將三角披巾纏在胸口做出「鴿胸」效果，這種流行風潮將在20世紀早期又重新吹起。這套洋裝還附有一件裝飾用的長圍裙和一條紅色寬飾帶，讓新流行的高腰線條成為目光焦點。不過，它的昂貴絲綢料子仍呈現18世紀奢華風氣，在嶄新衣物輪廓之外留住一些舊日的熟悉感。

三角披巾底下是外衣的圓領口，以一條繫繩收緊，讓穿著者可以自行調整領口形狀與合身程度。

裙子背後是箱形褶襉（box-pleated），穿著者會在洋裝底下腰線處加墊以增加裙子膨度。

裁衣用的花卉與條紋圖樣鴨蛋藍浮花錦（brocade）年代較早，約生產於1770年左右。這件洋裝很可能是由一件舊的英式女袍改造而成。

三角披巾包裹上身在前方交叉，構成這件洋裝一個搶眼的特徵。

洋裝袖子後面從手肘下方開衩直到袖口，開衩底部在手腕處以袖扣互相扣合，讓底下的皺褶平紋細棉布能露出頭來招搖一下。袖管前方袖口端莊反折。

全身長度的裝飾性平紋細棉布圍裙沒有任何實用功能，因此缺乏上半身的部分，圍裙頂端環綁腰部固定，被三角披巾的繫結遮蓋。圍裙前方以白繡（white-work）繡出常見的愛情象徵符號：一個心形圖案上面戴著王冠，旁邊圍繞小天使（putto），心形中間繡的IXXR幾個字母是聖母瑪利亞的名號首字組合。

圍裙每一側都以一道窄窄的梭心蕾絲來收邊。

直列重複的植物花樣為這件圍裙提供另一重美化，花樣裡有盆栽植物、葡萄串，以及野生花卉。

第四章

1790–1837

18世紀尾聲，女裝出現翻天覆地的改變，全新的、簡約而「自然」的輪廓應運而生，原因有一部分是法國大革命之下的政治動盪，此外也與瑪莉・安朵娃奈特和其他歐洲貴族階級人士（包括英國的德文郡女公爵喬琪安娜[1]）所帶起的寬襯衣洋裝流行風尚有關。在這個脈絡之下，「自然」的涵義是指使用平紋薄棉布、一般棉布、府綢（poplin）、薄織麻布（batiste）與一般麻布（linen）等輕盈且易洗滌（故容易保持衛生）的布料。在此同時，洋裝的披垂造型與圓柱狀結構靈感來自古典希臘和羅馬，以及上古時代的純白雕像。簡單的髮型，幾綹鬈髮垂在頰旁，這就完成了當時最時尚的模樣，與18世紀上流社會的上粉假髮與塗朱抹紅雙頰相去簡直不可以道里計。

　　這類衣物最早也最傷風敗俗的穿法，出現在某些法國前貴族階級的大膽女士（被稱作「奇女子」〔Les Merveilleuses〕，與她們相對應的男性則被稱作「奇男子」〔Les Incroyables〕）身上，她們身著寬鬆直筒連衣裙現身巴黎街頭，薄衣下曲線畢露，沒有任何束縛身體的內衣來打底；顏色鮮豔的長筒女襪更顯現衣物布料的透明，讓人什麼都一覽無遺。傳言說有的女人還會把洋裝弄濕來讓布料更加貼身，以薄透衣料與低敞領口來大方展示胸部；不過這種走極端的風潮只流行一陣子，且絕非是四海皆然的風尚。

　　拿破崙在1804年登基為法國皇帝後，「帝國式腰線」（empire line）一詞就在他掌權的督政府[2]與所謂「法蘭西第一帝國」[3]時代興起。拿破崙多次前往海外，尤其他的埃及遠征，引發了歐洲各地對異國織品與「東方風情」設計的興趣（並使得海外布料進口量大幅增加）。他的妻子約瑟芬（Joséphine）也與著名女裝設計師（couturier，或說是「時尚商人」）路易斯—希波里特・勒華（Louis-Hippolyte LeRoy）[4]一同對當時流行造成可觀影響，並在巴黎再度取得裁縫之都地位時成為優雅的代名詞。[5]新古典主義的圓柱形狀外衣擁有短的緊身上衣、小型膨袖或直筒袖、長而筆直的裙子，此時已是隨處可見的普遍衣著，舊制度時代的穿衣風格只在宮廷服飾裡被保留下來。到了1797年，女性在面見國王或其他隆重場合仍會穿著裙撐或裙籃，但也只限於此；就算在當時，裙籃上面的裙子也常是新風格的高腰剪裁，讓不同時代的流行構成奇異的混合體。

　　帝國式腰線的洋裝迅速風靡整個歐洲，在英國尤其大受歡迎，這裡流行線條較簡單的洋裝已經不是一時半刻的事情。一開始純白色與輕薄布料是時髦中的時髦，但帝國式腰線洋裝在大部分西方世界（包括緊跟著歐洲時尚腳步的美洲與澳大利亞）都不是固定不變，而是變得愈來愈重實，先是用上了印花布，後來又愈來愈常見較深色較厚實的布料。漸漸地，女性又重拾18世紀洋裝的一些核心時尚要素：厚絲綢與浮花布料、束縛性較強的束腰馬甲，以及過去

宮廷洋裝
時裝插畫
1807年
洛杉磯郡立美術館

二十年來未見的繁複化的裝飾，與新古典主義線條削瘦的簡化作風成對比。這類衣著在1814到15年之間、拿破崙遭到放逐的時候開始變得更常見，而在此之前好一陣子以來，那曾掀起帝國式腰線風潮並維持它持久不墜的革命亂局已失去它在時尚前線所扮演的角色。在這段政治與社會相對安定的時代裡，流行風潮變得更豪華，且如1826年一份出版物所言：「以沙漏形狀為尚，中間細窄，上下兩頭變寬。」[6] 可想而知，一旦沙漏型洋裝將時尚腰線帶回它天然的位置，人們自然就更想去突出纖腰之美；也就是說，束腰馬甲變得更緊，襯裙又出現層層相疊的情況。這下子帝國式腰線洋裝相對而言所能提供的自由自在感受很快就從時尚界淡出。要打造出當時流行的身材，第一步就是穿上長度更長、內部以鯨鬚（鯨骨）來加固的新型束腰馬甲，馬甲中央用鋼製的插骨提供額外支撐力。進入1830年代之後，為了強調這種身材特色，裙子與衣物肩線的寬度都大幅增長；此外，女士會戴著大型罩帽（bonnet），底下梳著高聳誇張的髮型，這也能將觀者視線較為導引到身軀中央部位。當時浪漫運動（Romantic movement，約1815到40年）日益興起，強調夢幻、感性與壯美（sublime），相對於啟蒙運動主張的簡潔理性；女性洋裝需要增添不少巧思才能達到與這風氣相稱的效果。

這個時代的頭飾相對來說頗為多變，小型罩帽與騎師帽（jockey cap）最早在約1800年出現，廣受所有年齡層的女性歡迎。一般女帽也依然有其市場，在1810年代後半特別如此。前面提到的東方熱也造成影響，讓包頭巾（turban）流行了一陣子，時裝插畫中可見仕女以此搭配晚宴禮服。薩克森—梅寧根的阿德萊（Adelaide of Saxe-Meiningen），英王威廉四世（William IV）的妻子與王后（1818-49）熱愛這種打扮，這也讓包頭巾在英國更加風行。

右圖這幅1837年的時裝插畫呈現一系列1830年代中後期最時髦的頭飾，薰衣草紫、黃色與綠色的罩帽是1830年代特別流行的寬緣風格，帽簷寬到讓穿戴者側身站立時臉龐完全被遮住。這個時期稍早之前出現了寬前沿罩帽（poke bonnet），其前簷隨時間變得愈來愈上揚以配合愈做愈高的時尚髮型，是這種寬緣風格發展到極致的象徵。這些圖例也呈現出俗稱「巴佛蕾」（bavolet）或「幕」（curtain）的構造，這是一片連接在罩帽後方遮蓋頸部的布料[7]，一直流行到1860年代中期，直到「芳瓊」（fanchon）這種風格出現為止。

到了1830年代，這個原本充滿薄透織物與纖巧飾品的世界逐漸讓步予維多利亞時代早期女人身披的絲綢甲冑。經歷法國大革命的典範轉移，世界觀再次發生變化，接下來的數十年會是洋裝史上較為嚴肅保守的時代。

右頁圖
女帽與斗篷
時尚插畫
出自《品味：時尚雜誌》（Le Bon Ton: Journal des Modes）
巴黎，1837年
作者本人收藏

棉布外衣

1797到1805年，倫敦維多利亞與亞伯特博物館

◆

　　這件英國製的外衣是個絕佳且稀罕的少數僅存實例，呈現1790年代興起的新古典主義簡約風格。外衣表面所有裝飾僅限於本體布料的打褶與垂墜效果，看不見任何刺繡、珠飾或蕾絲，符合英國人崇尚的簡單美感。也正因此，這件洋裝具備相當程度耐穿且實用的性質，並結合古典的優雅之美。

....

在當時，這個大圓形的深領口裡面會覆蓋上一件三角披巾，展現英國這種穿衣風格既端莊又實用的特質。領口背後位置相對較高，高至頸部。

綁提袖（looped-up sleeve）在那時是很常見的裝飾做法。這個例子中的袖子有內外兩層，外層綁起來以一顆扣子固定，露出下面平整無飾的內層袖子。內層袖子長及手肘下方，以一條繫繩束緊。

這條裙子是前圍裙式設計（apron-front skirt），兩側開衩，與前圍兜式緊身上衣（bib-fronted）相連，裙頭拉到高腰處用帶子綁緊固定。這套設計聽來複雜，但卻能造成令人賞心悅目的簡單舒爽感受；套頭的緊身上衣不必開口，因此也不需要使用鈕扣或別針來閉合。

洋裝底緣可見極短的裙裾，符合當時對於簡素與衛生的追求。後背中央有一區有緊密抓褶，這處布料往下垂到底而形成裙裾。

前圍兜式（又稱前落式〔fall-fronted〕，或前墜式〔drop-fronted〕）緊身上衣的固定方式，能確保這件洋裝無論從任何角度觀看都是乾乾淨淨、一體成型。緊身上衣前片與裙子連接，兩側以繩結或鈕扣固定在定位，如圖所示。一條質樸的乳白色麻帶繫出流行的高腰腰線。

背部腰線位置較低且稍呈圓弧狀，裙子在後背中央腰線下有較淺的打褶，此處底下會墊著小型腰墊（bustle pad）以增加一些體積感。

吉爾伯特・斯圖爾特[8]，〈瑪莉・巴利〉，約1803到05年，華盛頓特區國家藝廊。

這幅肖像畫的年代與本頁棉布外衣大致相同，畫中洋裝也有些類似特徵；短外袖在手肘上方拉高固定，低而渾圓的領口能呈現幾乎一模一樣的低胸視覺效果。

平紋細棉布外衣

約1800到05年（可能在印度），洛杉磯郡立美術館

◆

　　這件洋裝有兩個最突出的特點：第一，衣物型態與所導致的穿著效果深受古典希臘羅馬影響（比方說古希臘的女外袍〔himation，披垂在身上的大片四角形布料〕與古羅馬的帕拉〔palla，以別針固定的垂墜斗篷〕）；第二，衣料的使用也顯示出印度對時尚的影響。

．．

腰線比前一個例子更高，胸部也特別被往上提、往外推。要達到這種效果，必須依靠專門設計用來提高胸部並支撐上半身的新式束腰馬甲。

在這整段時期內，任何有一點點流行意識的淑女衣櫥中都少不了印度來的平紋細棉布。珍・奧斯汀[9] 在1818年的作品《諾桑覺寺》中取笑人們對平紋細棉布品質那吹毛求疵的重視程度：「如果女士們發現男士的心靈如何忽視她們衣櫥裡那些昂貴或新穎的服飾，且她們身上平紋細棉布的質地所造成的觀感改變又是何其微小，許多人恐怕要很傷心了。」[10] 這種布料的嬌貴似乎也是它一處魅力所在，因為這象徵穿者過著優渥生活，有能力經常洗滌衣物，只有這種人才穿得起這種纖細衣料。

圖中的小型串珠網袋（reticule）是很流行的配飾，有各種形狀與設計。

氣派的變形蟲花紋披肩很可能也是從印度飄洋過海運來，這是當地特別為了外銷西方而生產的製品。

當時織花設計（woven-in design）很常見，這表示市場上也能買得到顏色較深、較實穿的平紋細棉布；若要在布上添加較輕盈秀氣的花紋，則以繡花方式直接繡在布料上，比如波卡圓點（polka dot）就是種簡單低調又能增添姿采的圖案。白色繼續流行很長一段時間，此處整件裙子上都可看見白繡手藝，纖小精緻的樹葉與蕨葉花紋以手工一針一針添加在布面上。

緊身上衣前方主要裝飾由一片精工繡花網布所構成。把網布當成衣表覆布（overlay）來用的做法繼續流行二十年，覆蓋範圍時常包括整件洋裝。

早期這類風格洋裝的袖子相對而言比較簡單，圖中直筒剪裁、長度不及手肘的袖管就是一例。緊身上衣背部寬度甚窄，兩側袖孔也通常挖得很深，幾乎要在後背中央碰到一起。

「前墜式」緊身上衣保留外衣背部光滑平整，成為一塊可供發揮裝飾巧思的園地。

賈克—路易・大衛[12] 朋友圈子所繪的〈白衣少女〉，1798，華盛頓特區國家藝廊。與他本人的名作〈雷卡米埃夫人〉畫中女子衣著都是這類早期帝國式腰線洋裝的絕佳例子。

一直到1805到06年左右，日常衣著與晚宴服都流行裙裾。19世紀最早期的時候，女士有時會在裙子腰線下方墊著小型腰墊，撐起如瀑布般流瀉化作裙裾的腰部褶襉，加強衣物線條那柔軟的流動感。[11]

真絲斜紋布晚宴服

1810年，蒙特婁麥科德博物館

◆

　　從早期攝政時代女裝外衣的一片雪白，到1810年代末尾之後出現的皺邊與荷葉邊，這件典雅晚宴服是兩者之間過渡期最美好的範例。布料顏色是當時流行的「黃水仙色」（jonquil），名稱來自Narcissus jonquilla這種水仙花，在這段過渡時期的前半尤其廣受歡迎。

低而方的領口是這段時期外衣典型設計之一，與深圓領和交叉領各領風騷。領口形狀主要是由前墜式上衣繫緊的方式來控制，緊身上衣前後上緣都穿有繫繩讓領口更貼身。

袖子以衣褶來做出膨大感，衣褶位在後方，維持衣物前方在視覺上的平整。

此處的高腰設計仍舊強調胸部托高的效果，但沒有早期風格那麼極端。一條簡單的乳白色帶子在後背中央交繫成一朵小蝴蝶結，不僅襯托出腰線，也將整件衣服裝飾色調統一起來。

裙子前方是一整片方形布料，兩側縫線位置偏後，由此製造出左右兩邊弧狀線條。這種多片拼接的技術顯示裙子的流行趨勢是愈來愈寬，在大約1813年之後就蔚為風尚。[13]

裙子沒有裙裾，當時大多數洋裝都是這麼設計的。

緊身上衣前面整片都有手工製作的梭心蕾絲縫片（insert），呈現溫柔的波浪狀，袖子上也一樣。

緊身上衣前片與袖子上都有繩絨線（chenille）繡的精巧花卉圖案，每朵花中央都鑲著一顆珍珠，袖口一圈密密排列的珍珠與花朵設計相映成趣。[14]

裙子使用硬挺的絲綢，且在背後密密收成褶襉，因此更能強調出裙體稍呈傘狀的輪廓。

裙襬處有一條窄窄的梭心蕾絲，上面也有與外衣其他部分相同的珠飾細節。

短外套式夾克與襯裙

1815年，洛杉磯郡立美術館

—◆—

這件1815年的襯裙與短外套夾克（Spencer jacket）組合，已經開始使用1820年代與早期1830年代的皺邊與荷葉邊，同時也呈現傳統的強烈影響。除此之外，英法兩國縱然在拿破崙戰爭時期交惡，但法國對英式洋裝較簡約風格的心嚮往之（有時被稱為「崇英熱」）造成當時許多洋裝形式也採用與軍服相似的設計，這件洋裝就是一個例子。

人們認為是拿破崙之妻約瑟芬・波拿巴將一些歷史元素帶回洋裝上頭，例如伊莉莎白時代的皺褶領，這個例子呈現的就是19世紀早期對它的重新詮釋。皺褶領會是一件女用無袖緊身內衣（chemisette，又稱「騎裝衫」，因為它原本是作為騎裝的一部分而存在）的一部分[15]，用帶子綁在上半身來固定，通常是女士穿著領口極低的外衣或緊身上衣連襯裙時用來遮掩胸口處。

誇張的膨袖來自義大利文藝復興時期女裝，是這件衣服上另一個歷史元素。袖管末端是條形袖口（banded cuff），扣合用的鈕扣以原身布包裹。

這裡的裙子是件襯裙，但「襯裙」在當時並不一定指內衣，而是指任何與其他服飾（例如夾克或外衣）搭配穿著的獨立裙子。圖中的襯裙是以彎鉤套孔眼的方式固定在短外套式夾克的腰帶內側。

這件短外套式夾克上有雙排扣和翻領，是明顯受到軍裝影響的部分，顯示拿破崙戰爭之後持續不墜的時尚趨勢。

從文藝復興時代取得靈感：阿諾羅・布隆津諾[16]，〈年輕女士與其幼子〉，約1540年，華盛頓特區國家藝廊。

〈外出服〉，1815年，法國，出自《美之集錦》[17]，作者本人收藏。

短外套式夾克與鑲毛皮女用大氅（pelisse）在當時非常受歡迎，披風（cloak/cape）也是這段時期內女士常用的換穿選擇，尤其是在較寒冷的氣候中。斗篷最初受到軍裝風格影響，圖中呈現的是將這種衣物變得更有女人味之後的成果：披風長度較軍裝要短，在頸部繫緊，上面有時會連著袖子和高領。本圖中披風所附的小型立領是另一種軍裝元素，流蘇（tassel）與絨球（pompom）也是；這些很可能是源自於西歐人對舊時匈牙利騎兵「胡薩爾」（Hussar）美觀制服長久以來的興趣。[18]

晚宴服

約1815年，蒙特婁麥科德博物館

◆

　　這件晚宴服顯現女裝從素淡簡約逐漸過渡到充滿絲綢、飾邊，以及緞帶裝飾的頹廢風格。這是相對較早期的例子，奢華無節的作風尚未被發揮到極致，但從它身上已可清楚看出未來發展的影子。這件衣服穿在身上時會搭配毛海或素緞長手套，再加上項鍊與扇子來點綴。

袖子、緊身上衣和裙襬上都有複雜的絲綢剪花（cutout）圖樣，這與前十年流行的簡單低調洋裝已經有顯著差別。

在這整段時期內，晚宴服上偶爾可見飾帶纏腰，在背後結成蝴蝶結。此處腰帶上單一一個蝴蝶結具有引導視線的效果，讓人注意到緊身上衣表面細節與裙子在腰際的褶襴。填充的素緞袖口與裙襬裝飾都與腰帶具有的厚度相呼應。

裙襬邊緣是以素緞與厚緞帶做平折縫（flat-folded）花樣，這種做法可以讓裙布變硬變挺，與裙面覆蓋的飄柔薄紗相映成趣。兩種效果結合，代表流行風尚從督政府時代風格（Directoire）逐漸過渡到維多利亞時代風格（Victoriana）。

這件外衣的低圓領（scoop neckline）剛好搭在肩膀邊緣，前方低胸露肩的形式也與背後這道傾斜的連續弧度相搭配。

點綴緊身上衣前後中央的花樣稱為「舌形」（languette），是一片片絲綢做成，把前後胸圍線連在一起。[19] 舌形在肩部與袖口的位置安排能讓袖子上薄如蟬翼的透明硬紗（organza）泡起（puff）更為搶眼，令人想起文藝復興與伊莉莎白時代的袖子設計。

洋裝背後以一條香檳色長繩做出假的交叉繫合效果，這是另一個歷史重現的例子。上衣正面也有與後背相對稱的剪花圖樣，中間也是一列交叉繫帶裝飾。

透薄的外裙最能展現浪漫主義的夢幻氣氛。上面繡著精細的閃亮樹葉花紋，在袖子上也可看到。1808年，用來織造珠羅紗（bobbin-net）的織機登場，自此裁縫師比較容易取得大片薄紗或其他網狀布料來當作衣物飾邊，甚至是作為整件衣物的覆布。[20] 絲網眼紗（tulle）和皺綢（crepe）也成為當時常用的覆布，覆蓋在素緞、天鵝絨、絲綢或裡子薄綢（sarsenet）所製的洋裝上。

滾條（rouleau）內部有一點點填充物，這種以滾條收邊的裙襬邊緣特別能呈現當時流行趨勢，這股趨勢於1820年代達到高峰。

塔夫綢日用洋裝

1823到25年，蒙特婁麥科德博物館

◆

　　這件洋裝不僅是飾邊的華麗繁複程度比起前一件要更上一層樓，且展現流行的身體輪廓上下都加寬的趨向。從這件衣服不僅能看到1820年代早期至中期的一些時尚特質，也能找出歷史服飾的元素，特別是在袖子細節與腰線位置上頭。

領口寬而方，搭在肩膀最邊緣處，以繫帶結來控制位置並加以固定。

圓膨袖上有素緞舌形，不只延續本章其他衣物上均可見的歷史復古風潮，也預告了通往1830年代整段時期的流行風潮，也就是較寬也較長的袖子。圖中這類龐大且裝飾絢麗的外袖稱為「芒什」（mancheron），這個詞在19世紀後期被「肩章袖」（epaulette）所取代。[21]

袖子後方的裝飾較輕盈且更有女人味，後面中央是一朵素緞玫瑰花，搭配搖曳生姿的素緞飄帶。

這件裙子稍呈三角剪裁（gored），圍繞腰際做一圈收褶，與之前帝國式腰線洋裝只在背後打褶的設計不同。這種收褶方式能讓整圈裙子都向外膨，將外衣表面裝飾徹底呈現出來。

這件裝飾華美的日用洋裝是所謂「裙襬雕塑」（hem-sculpture）的絕佳範例，裙襬上以一片片舌形布料做出膨起與加墊的效果，營造出一種有如建築物的堅硬視覺效果。更早之前的日用女裝上面根本看不到這麼多的裝飾物，但此時洋裝呈現較明顯的鐘形，因此有更大片布料可供裝飾者在上面發揮，時常讓人目不暇給。

裙襬最底下一圈塔夫綢帶，內塞填充物。這種飾邊叫做「滾條」，是這個時代另一種常見的收邊方法，一方面可以增加衣物重量，另一方面可以支撐並烘托上面的舌形裝飾。

素緞橫幅拼成橫跨整個胸口的蝴蝶結形狀，加強「上寬」的視覺效果。橫幅拼貼的裝飾也用在袖子上，強調出長長的傘狀袖口。

此處腰線比前面例子要低，但與當時其他大部分時髦洋裝比起來仍不夠低。這件衣服可能是從舊衣改成，或是刻意要做出某種懷舊氣氛。不論出於何種原因，圖中可見一條塔夫綢寬腰帶點出腰線位置。[22]

約翰・貝爾[23]，時尚插畫（乘車出訪用服），英格蘭，1820年，洛杉磯郡立美術館。

這件1820年的鑲毛皮女用大氅（外衣）上有形狀類似的舌形造型，不只點綴衣襬，還在大衣前襟排了一整排。

塔夫綢日用洋裝

1825年，雪梨動力博物館

◆

這件日用洋裝的淺玉色（light jade）色調讓上面的深粉紅裝飾更加顯眼有活力。當時很流行以一種搶眼圖案作為主要裝飾，這類飾邊就是好例子。另一方面，飾邊造型也向歷史取材，重現17世紀常見的三角尖形；它在當時被稱為「凡戴克」或是「凡戴克尖稜（Vandyke points）／凡戴克飾邊（Vandyke trimming）」，十分貼切。

....

19世紀早期考古學興起，當時許多珠寶設計都深受上古古物或文藝復興時代骨董珠寶的影響，這串有浮雕花樣與小顆寶石的黃金項鍊就是一個例子。[24]

此時腰線已經幾乎降回人體自然的位置，並稍稍向後傾斜。洋裝在背後以彎鉤和金屬孔眼來扣緊，當時許多洋裝內部也有繩帶，用來把衣服拉得更貼身。[25] 一條與原身布相同的淺色粗帶子勾勒出腰線，低調卻有效。這個時期女裝常使用寬腰帶或寬繫帶（belt），其設計目的就是要強調用新式束腰馬甲與勒緊的交叉繫繩所塑造出的時尚細腰。

這件洋裝上塞有填充物的裙襬雕塑部分是亮眼的粉紅絲綢，一方面仿效袖口細節，一方面又加入自己獨一無二的特質。覆布裁成凡戴克尖稜狀，再添加三條同色系捲邊，裙襬最底端還有一條更粗的原身布捲邊。

高而寬的圓領造成肩寬較寬的視覺效果，上衣前後布料在左右兩肩處都打褶，用一條與裙襬處裝飾相同的粉紅滾條壓住接縫處。

半羊腿袖（demi gigot sleeve）往袖口逐漸變得尖細，手腕處窄緊，這是從1820年代中期以降愈來愈流行的袖子形狀與比例。

袖口與裙襬的凡戴克三角尖稜讓這件洋裝染上17世紀風情。這種飾邊風格在當時蔚為風潮，成排尖稜造型還被用到蕾絲上，稱作「橫飾帶飾邊」（frize，在18世紀被稱作cheveux de frize）。[26]

裙子在洋裝背後部位抓出密褶以營造膨度，下面沒有裙裾。

夏季洋裝

1830年，洛杉磯郡立美術館

◆

　　這件夏季洋裝展現1830年代一些典型的時尚要素，最重要的是誇張的大袖子、裙子變寬，以及腰線位於自然位置。由於洋裝所用布料素淨無文，更使這些特質能被清楚呈現。白色衣料在1830年代始終頗受歡迎，人們特別愛用它來裁製日用便服或晚禮服。

17世紀中葉流行的氣球狀大膨袖此時來勢洶洶回歸，從1830到31年就已經出現很誇張的尺寸。為了維持形狀，將袖子往外撐開撐高，時髦女性不得不在裡面穿戴上一對「袖撐」（sleeve support，又稱鼓袖包〔plumper〕或袖泡〔puff〕）。[27] 袖撐以帶子繫在束腰馬甲肩帶上，大小可以自行調整，來配合外罩洋裝的剪裁以及場合需求。早在1820年代，某些裁縫師已經在設計外衣衣袖時加入類似特徵，特別是舞會服和晚禮服的內裡有時會有一系列繫帶綁結，只要加以調整就能控制袖子的大小和位置。要知本頁洋裝的穿著者會在裡面穿什麼，下圖就是一個好例子。

不高不低的圓領，胸頸暴露的程度適宜日間場合。晚宴衣著的領口通常低得多，露出大半個肩膀。

與前頁1825年的例子相同，上衣布料在肩膀處收褶，此處是以一片素面滾條來固定。

這件衣服的焦點在於氣球形狀的大型羊腿袖，在裁縫上能達到「肩寬同於衣襬寬」的效果。

胸口淺細褶形成美觀扇狀，將觀者視線引導向女士細腰。

雖然當時時尚插畫充斥低而細的柳腰，事實上許多女性仍然穿著較高腰的服飾，這種做法繼續延續很長一段時間。所謂「高級時尚」的資訊只呈現巴黎服飾業最新的理想形象，社會上真實流行風潮的改變速度比這要慢得多。巴黎傳來的新想法後來才會逐漸被地方上的裁縫師或家庭裁縫學起來。

女用束腰馬甲、襯裙與袖撐，約1830到40年，洛杉磯郡立美術館。

裙部細節，呈現棉布上的細剪孔繡花樣（broderie anglaise）。1830年，洛杉磯郡立美術館。

素緞結婚禮服

1834年，雪梨動力博物館

◆

　　這件結婚禮服是歷史上浪漫主義魅力的縮影，輕靈纖巧的外觀卻是由愈來愈多件打底內衣所支撐出來。這個例子裡面的打底配備包括一件小型腰臀墊，增添裙子的膨度。

攝政時代對披肩的喜好至此仍然延續，圖中這件的邊緣有搶眼的幾何圖形。

這件結婚禮服上頭有許多明顯的歷史元素，主要見於緊身上衣前方蝴蝶結與菱形剪花（lozenge cutout）裝飾[28]，類似18世紀的三角胸衣，以及當時在胸前從上往下如階梯般點綴一排蝴蝶結的做法（稱作eschelles）。

寬帆船領（bateau neckline）能強化領口細長披風造型（pelerine）和從上而下逐漸放寬的大膨袖的視覺效果。此處領口滑落肩沿，線條優雅。

袖子被分作三部分，底部與上部皆窄管合身（連接肩部處有彈帶式褶襇），夾著中間1830年代典型的氣球狀羊腿袖。

這時候洋裝腰線位置較接近自然狀態，且當時有不少洋裝設計風格開始將腰線在前方做出尖凸形狀，這在1840年代變得非常風行。[30]

這種洋裝的裙襬比起前面數例要較寬也較硬，讓裙身形成傘狀，並使裙襬與衣物肩部同寬。

雅克・威博[29]，〈（疑似）舒瓦瑟公爵與兩同伴〉細部，約1775年，出自蓋帝圖像開放內容計畫。

1830年代早期女裝可能有受到芭蕾舞影響，義大利女舞者瑪莉・塔里奧尼（Marie Taglioni, 1804-84）或許是推廣較短裙子（以便展現芭蕾舞足尖技巧）的功臣。她在舞碼《仙女》中的角色身著柔軟飄逸、長及小腿肚的裙子，完全展露她腳下一雙芭蕾舞鞋。這種舞衣與當時大部分外衣風格相似，較顯著的差異只有芭蕾舞裙長度更短，且使用的布料較透明。

絲綢日用便服與披風

約1830到40年，雪梨動力博物館

◆

　　這件洋裝與披風的製作與穿著年代是在澳大利亞殖民時代早期（約1835到37年），模樣與當時歐洲和美洲的時尚風格緊密關聯。此處的披風被稱為「細長披風」，能維持肩線寬度，並塑造出平順渾圓的輪廓。

1831年，暢銷時尚刊物《美之集錦》上面有一段話：「洋裝應搭配相同材質的大型細長披風來穿著，細長披風前方造型如同三角披巾，尖端低垂，後方有尖角，兩肩則裁成銳利的大尖角。細長披風邊緣有……絲質飾邊。」[31] 以原身布所製的細長披風一度非常流行，本圖所示就是一個例子。

腰線愈來愈低，也愈來愈貼合人體自然身形。之所以能呈現效果，一部分是因為當時出現了在緊身上衣裡頭加骨架的新做法，一開始是加在前方，後來還多了兩側縫線處。[32] 寬肩與傘狀裙襬更顯腰際曲線苗條。

這時期的裙子形狀簡單，由四方形布片縫製成。

披風之下是落肩剪裁的緊身上衣，領口寬而淺。這件緊身上衣前方大半被披風遮蓋，但仍能看見從領口下方到腰線上方的彈帶式褶襉，與袖子造型相呼應。[33]

此處羊腿袖之寬大已達這時代最典型的程度。因為袖子太巨大，要做出與之搭配穿著的外套難度極高，因此披風是一種很受歡迎的選擇。

肩膀與袖口處有彈帶式密褶襉，更增袖子膨大感。

裙子繞著腰帶整圈打褶，造成傘狀效果與體積感。

裙子在這個時代逐漸發展出鐘形輪廓，這裡裙襬處有加墊以增添重量與挺度，維持裙子鐘狀造型。裙子不僅變寬，也變得更長，此時長度已經達到足踝以下。

第五章

1837–1869

從許多方面看來，1840年代的外衣都遠較之前與之後的流行風尚要累贅許多。當時女裝線條頎長而具流動感，看起來的確比1820年代和1830年代的泡泡袖與皺褶要簡單明瞭，其實穿著起來對身體的限制卻更大。1830年代的特質是長及足踝的裙襬和較豐盈的腰線，1840年代服裝則開始往較沉重的裙子與長度較長且緊勒軀幹的緊身上衣轉變；到了1850年代與1860年代，這些又被提高的腰線與相對而言比較能讓人活動自如的硬裡襯（crinoline）所取代。查爾斯·達爾文的孫女瑰恩·拉維拉特（Gwen Raverat）在她的回憶錄《昔時瑣記》（*Period Piece*）裡寫道：

我曾問愛緹阿姨她以前穿著硬裡襯是什麼感覺。「噢，感覺好極了，」她說，「從它問世以後，我再也沒穿過比它更舒服的東西。它能讓你的襯裙不要貼著腿，這樣走起路來就很輕快省力。」[1]

從1830年代晚期以降，為了維持裙子的形狀，女士必須在裙下穿著無數層襯裙，並以各種方式加強襯裙硬度：馬毛、藤條或填充物，最後一種通常是做成絎縫（quilted）襯裙。到了1830年代末期，裙子還會加上荷葉邊來增加效果。如此這般造就出一條圓圓膨膨的打褶裙子，上面再搭配長緊身上衣，中間用交叉繫帶勒出極細的細腰。肩線位於上臂處，緊身上衣流行的「前扇形」（fan front bodice）設計讓觀者視線順著軀幹前方下移，直到錐狀腰線最細的V字尖端為止。鐘形裙子一路到裙襬呈現柔和傘狀，與肩線相映襯，合力讓腰部成為視覺焦點。這種輪廓一直保持流行，但後來的比起1830年代已有些許修改，不再那麼極端，而是比較貼近中庸之道。因為這原因，再加上當時特別不流行衣表飾物（日用衣物尤其如此），1840年代的女裝因此看來有些呆板。不過呢，1838年於倫敦發行第一版的實用取向《勞動婦女指南》（*Workwoman's Guide*）中也說到當時可取得的各式不同設計：「外衣有高腰、低腰、七分高腰、平裙、蓬裙、前開、後開等各種形式」[2]，可以做成「法式高身」、「希臘式低身」與「普通低身」等等模樣。這些衣服穿著時應「對洋裝那些展現淑女風範的細節多加注意」，因為「想讓自己外表變得賞心悅目的心意……並不一定要靠著虛榮與輕浮來實現」。從1830年代晚期到1840年代早期，依照《勞動婦女指南》所云，所謂「賞心悅目的外表」涵義可能是指「素緞、絲綢、網紗的帶子或滾條……圓膨造型、皺褶或荷葉邊……嵌邊（piping），以及外衣原身布所製的吊帶……有時會用到燙褶（gaufiered）或抽褶（quilled）的緞帶或蕾絲花邊」。[3]上述裝飾通常是以外衣相同布料製成。當時人們偏好色調較暗的的

襯衫與裙子
馬修・布拉迪攝影
美國，約1865年
美國國家檔案館

洋裝，衣物表面又缺乏花樣，整體訴求的視覺效果是樸實簡潔，但這在現代人眼中看來就比較黯淡不起眼；當時一本由「一位美國淑女所著」的《仕女禮儀手冊》（*Hand-Book of Etiquette for Ladies*, 1847）也的確這樣說：「最平淡無奇的洋裝總是最顯出教養，穿著樸素的淑女永遠不會變得不時髦。」[4] 嚴肅勤樸的形象並非只在1840年代最受人推崇，但這種態度在這十年內確實特別常見。

審美眼光趨向素淡，但有趣的是當時購衣者卻有愈來愈多選擇，因為科技進展使得成衣開始大規模生產。工業革命對英國女裝造成強烈影響，也讓英國裁縫師擁有更多選擇。貞妮紡紗機（Spinning Jenny）和走錠細紗機（Spinning Mule）等18世紀的技術革新，為19世紀更進一步的發展奠下基礎，包括動力織布機和蒸汽引擎（用來驅動紡織廠的機器）。機械進步使得紡織品產量上升，當然也讓新流行傳播到大街小巷的速度愈來愈快，印刷術的進展也使大眾更易取得時尚刊物與插畫。就連束腰馬甲都呈現出科技的進展，19世紀早期的束腹構造相對簡單，但1840年代末期法國發展出的新剪裁則複雜許多；這種風格的束腰馬甲由七到十三片獨立布片構成，大致上一側有五片，胸部與臀部不再縫上三角襯片（gusset），使得腰部剪裁更加合身。[5] 這種束腰馬甲不需要肩帶，因為它裡面的鯨骨就足以支撐胸部。

1850年代很特別，因為它是歷史上一場無人不知的早期女裝革命的時代。艾米麗雅・詹克斯・布魯默（Amelia Jenks Bloomer）[6] 與朋友莉比・史密

斯（Libby Smith）[7]試圖說服美國女性放棄長洋裝，改將一條「土耳其式」的燈籠褲（pantaloon，這種褲子因此被稱為「布魯默褲」〔Bloomer〕）穿在寬外衣（tunic）下頭。這種搭配風格大部分是經由布魯默本人經營的女性報刊《百合花》（The Lily）加以推廣，再加上面對面的演講與展示，告訴大眾這種分叉狀的驚世駭俗新衣物「淑女長褲」該怎麼穿。[8]雖然民眾對她們的大力宣傳抱以興趣，某些人也認真想要了解更多，但整個社會大部分都還沒準備好接受如此激烈的改變。布魯默在提倡「理性女人」形象的同時，也等於在質疑19世紀中期大眾對於女性應有形象的認知。狄更斯在《德魯德疑案》（The Mystery of Edwin Drood）中寫道，女人應該被視為「主持一個幸福家庭的天使」[9]；這種民粹主義（populism）的態度之下，人們不可能鼓勵女性以布魯默為榜樣。

雖有這場衣著革命，但穿著束腰馬甲的細腰始終是19世紀中期大部分時間常見的景象，「束腰訓練」（tight lacing）也是從此時開始流行。不過，縱然暢銷雜誌《高迪淑女書刊》（Godey's Lady's Book）在1851年聲稱「僵硬束腹已經過氣，我們相信它再也不會流行；現代優雅女士可以選擇不穿束腹，或是使用只帶一點點鯨骨的束腹」，但「纖細不盈一握的柳腰，女性對此的渴望似乎永遠難以滿足」。[10]女士們就算不把馬甲勒緊到最極端的程度，她們所用的束腹也頗為拘束，因為她們知道自己必須靠著這種內衣，才能打造出與當時流行的緊身上衣相應的體態美感。這種做法完全將醫生的忠告拋在腦後，就連時尚界都有人出聲，說女人穿衣服應該少點矯飾多點常識，但也都被大眾當成耳邊風。

這段期間女性能穿的不是只有一件式洋裝，形似夾克的巴斯克式緊身上衣從1850年代開始流行，是獨立的單件衣物（separates），但通常還是會與裙子搭配來構成一套整體的「洋裝」。1860年代單件衣著盛行，或許某種程度上與早期休閒服飾的流行有關，甚至有人說也與運動服的出現有關。當時所謂運動服是將單件的「緊身上衣、無袖緊身內衣或『卡內佐』（canezou）」搭配裙子穿，這類的「男式女上衣」（shirtwaist）在現代人看來長得跟襯衫（blouse）幾乎一模一樣，不過「襯衫」這個詞直到19世紀末才開始使用。第81頁的照片裡是一名做這般打扮的美國婦女，美國接收歐洲最新流行風尚的速度一向有些遲延，但她這件襯衫看來可是非常時髦。話說回來，美國人接受男式女上衣的原因與其說是為了時尚不如說是為了實用；內戰期間（1861-65）南方人民資源短缺，一件洋裝就算上衣部分損毀，只要把裙子裁下來重新使用，就能與男式女襯衫搭著穿。[11]隨著時間過去，實用取向的做法變成新的時尚，這也是自然而然；被稱作「加里波底衫」（Garibaldi，名稱來自於吉塞佩・加里波底〔Giuseppe Garibaldi〕[12]追隨者所穿的紅衫；有時亦稱「短外套式女上衣」

〔Spencer waist〕，因為其形制與19世紀早期帝國風格時代的夾克很相似）的這種男式女上衣變得非常受歡迎，尤其頗得年輕女性青睞。這種衣服通常以深色布料製成，日用衣著的多樣變化因此更鮮明呈現，也因此讓仕女衣櫥內容更加豐富多變。這種裙子與上衣整組搭配的衣物通常外面還要添上一件「瑞士腰封」（Swiss waist）來加強效果，這東西是前後呈尖狀的束腰衣，通常為黑色，能讓腰看起來更細瘦。

在英國，深得民心的丹麥的亞麗珊德拉公主（Alexandra of Denmark）開創數股時尚潮流。她在1863年3月10日與維多利亞女王和亞伯特親王的長子愛德華（Edward）[13]成婚，身穿沃斯（Charles Frederick Worth）[14]所設計的結婚禮服，由英國絲綢製成，上面點綴奢華繁複的霍尼頓蕾絲（Honiton lace）與銀線刺繡。配合硬裡襯，這些精緻面料之美能夠最徹底的呈現在觀者眼前。硬裡襯crinole一字源出於crin，也就是原本用來讓襯裙變硬挺的馬毛；這個字後來被用來指稱某種架子，最起初是由水平的鯨骨圈一圈圈搭造，愈往下的鯨骨圈愈大，讓裙襬成為一個最寬大的圓。[15] 硬裡襯的結構與形狀在這十年內隨時尚而變，但最基本的「鳥籠」構造經過整個1860年代都沒有更易。從某些方面看來，此時女裝時尚變得愈來愈極端、愈來愈不實用，硬裡襯對此的「功勞」不小，而它也成為19世紀中期最令今人難忘也最引今人遐思的歷史奇景之一。

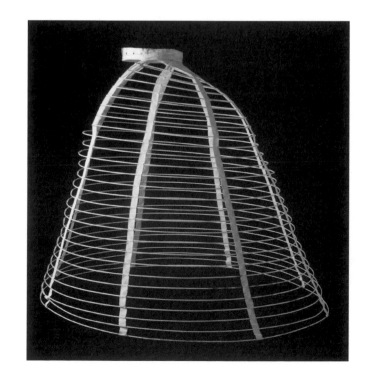

女用鳥籠狀硬裡襯
英國
約1865年
洛杉磯郡立美術館

洋裝

約1836到41年，蒙特婁麥科德博物館

◆

巴瑞怡紗（barège）製的日用洋裝，腰部細窄，袖孔位置低，已經出現1840年代女裝的束縛性。另一方面，木板印刷的小樹枝花樣卻頗具輕盈感與浪漫風格，令人憶起19世紀早期女裝盛行的軟柔自然設計。

⋯⋯

領口寬而深，幾乎要落到肩膀下，符合1830年代常見的形式（晚禮服緊身上衣領口常開到穿著者上臂頂端）。領口下方深褶襉更讓領口設計成為注目焦點。

尖形腰線將成為整個1840年代、1850年代與1860年代女裝緊身上衣的主要特徵。此處一條綠紫兩色的雙層嵌邊飾條將尖形腰線清清楚楚標記出來。

此時的緊身上衣本身就有加骨架，造型與支撐的功能更強。裙子前方打盒形褶襉，後方一排較緊密的彈帶形褶襉做出體積感。

裙子邊緣由一條長長絲質嵌邊做出扇貝形緣飾，上面再以絲綢蝴蝶結妝點。這種裝飾的程度顯然是1830年代留下來的品味，進入1840與1850年代之後就更加罕見。[16]

這雙袖子膨大處僅餘上臂與手腕之間一帶，清楚呈現當年流行的大型羊腿袖到了1836年之後變成什麼模樣。[17]當時洋裝肩袖處的演變過程是這樣：膨起的位置開始滑到肩膀以下，不久之後就完全消失。袖管兩側布料皆有打褶，使其變得貼合手臂，預示女裝袖子未來的造型，與原本的寬袍大袖完全不同，這種做法導致的斜肩效果預告著1840年代所流行的女性體態主要特徵之一。下圖是1835年的類似衣著輪廓，袖子中央有一個大膨起處，但仍看得出它在往更簡潔的方向逐漸演進。

佛里德里克·藍道·史賓塞[18]，〈仕女肖像〉，美國，1835年，洛杉磯郡立美術館。

綠絲綢洋裝

約1845年，史賓斯堡時尚博物館與檔案館，賓夕法尼亞州史賓斯堡

◆

　　這件日用洋裝最近才修復完成，由雙面絲質素緞所製，一面深綠，另一面是亮粉紅色。這種布料呈現出一種美麗的易變性，從大約1845年以降就是非常時髦的衣料選擇。

立領的高領口在1848到52年之間很流行，在此之後，1850到60年代的日用服裝就由圓領獨領風騷。為了把這件衣服從後開改成前開式，它的領圈在1840年代被拆下來重新裝上；這類調整痕跡在現存骨董洋裝上很常見，讓我們確切體會一般人面對流行變化是如何將舊衣改造重新使用。[19]

極短的騎師式外袖（jockey over-sleeve）有時是用來遮蓋衣物結構上袖子頂端無可避免的皺痕或褶痕，此處它們則是擔任空白畫布之責，讓人們在上面添加裝飾。

軀幹長度被拉得很長且呈錐狀，在這個例子裡很明顯。高腰外衣的流行不過是數年前的事，不可不說這是種戲劇性的變化。

這張1845年的銀版攝影肖像呈現一名女子身穿結構類似的洋裝，有騎師式外袖、高領口，和前扇形緊身上衣。（數位影像，出自蓋帝圖像內容開放計畫）。

寬大的扇形前幅，從肩部往下延伸，收束於腰部，將視線導引到女子纖腰以及上衣的落肩造型。緊身上衣是後開式，讓前方的設計花樣能完整不受干擾的呈現出來。

袖子是落肩剪裁，肩縫合線位置往背後移動。

1840年代較少見到外加的飾邊，這件衣服上主要的裝飾來自衣物本身多重褶襉與收束造型。1840年一本《勞動婦女指南》裡面說真絲洋裝搭配「與外衣本身相同布料所製的」嵌邊與其他飾邊，「甚是好看」。[20] 此處這種做法使整件洋裝只有單一一種色調，沒有任何雜質，呈現強烈的一體性。

緊身袖口由彎鉤與孔眼緊緊繫在手腕上。

每一顆扣子上都飾有纏繞絲線的小顆橡實。作為一種象徵符號，橡實有許多涵義，包括希望、潛能、力量，及男女性事和豐饒多產等等。[21]

裙子一般是由七片以上布片構成，這些布片形狀通常很窄。理想上這些布料應當是要全部縫合來避免裙子前方中央出現縫線，但有時這種情況無可避免。裝飾性的直幅可以用來把前方縫線遮住，不過在這個例子裡只是純粹用以增添美感而已。

莫塞林毛薄紗淺藍洋裝

約1854到1855年，蒙特婁麥科德博物館

　　這段時期的洋裝通常是兩件式剪裁，包含一件緊身上衣與一件裙子。此處這件流行的巴斯克式上衣造型類似夾克，腰部緊細，衣襬在臀部處散張開，清楚呈現當時兩件式的洋裝流行趨勢。19世紀下半葉，這類緊身上衣在歐洲與美洲愈來愈受歡迎。圖中洋裝以莫塞林毛薄紗（mousseline de laine）製成，這是一種非常細緻的精紡（worsted）布料，最初是在法國發展出來的。

這類洋裝穿著時會搭配可拆式棉布領和棉布底袖，這些東西能夠分開單獨洗滌，保護洋裝本體不會磨損或染上髒汙。

此處的寶塔袖（pagoda sleeve）已經很寬，但當時也有比這寬得多的例子，且飾邊與加工也有各種變化。時尚月刊《美之集錦》在1853年有如下報導：「寶塔袖目前絕無過氣之虞，某些為了求新求變而做得特別寬……有時候會以蕾絲或繡花來裝飾邊緣，內部穿著底袖。」最後一句描述與此處的搭配相符。[22]

袖口的荷葉邊，及繞著肩膀的一圈假過肩（simulated yoke），都是用布邊印花料子（border print）的邊框花樣來裝飾邊緣。

蛋糕裙由三層收束荷葉裙構成，這種荷葉邊造型是1850年代時尚的典型特徵。每一層荷葉裙邊緣圖案都是布料上原本的花樣（à la disposition，「邊緣印花」），為了做出這種裝飾效果，工廠製造出的花布必須有一側印著範圍較大而能搭配的圖案；換句話說，生產這種布料的目的就是專門用來製造這種裝飾效果，同時它能將1850年代女裝輪廓的重要元素都恰如其分襯托出來。[23]

作者不詳，銀版攝影仕女肖像，1851年，洛杉磯郡立美術館。

圖中這名女子身上的洋裝有非常類似的成層流蘇邊（fringed）寶塔袖。

裙子寬度顯著增加，一方面是三層荷葉裙的效果，另一方面也要歸功於硬裡襯或輪箍裙（hoop skirt）的發明。這種配件於1855年在巴黎首度登場。

兩件式洋裝

約1855年，洛杉磯郡立美術館

◆

維多利亞女王在1852年買下巴爾莫勒堡（Balmoral Castle），引發舉國上下一切以蘇格蘭為尚的熱潮。既然大部分女性最能用來表達自我的工具就是身上洋裝，於是蘇格蘭格紋布料的大行其道就理所當然成為她們對這股熱潮最主要的貢獻之一，比方說這件1855年的洋裝。寬大無比的裙子是一個最好的展示台，呈現時下最熱門的布料花樣。

落肩剪裁的寶塔袖是大約出現在此時的流行風潮，做法是剪出大塊方形布料，底部留下一部分不加縫合，有時整個袖管底部都是打開的。[24]

裙子表布絲毫不加裝飾，讓整件衣物的焦點完全落在搶眼格紋圖案的顏色與活潑性。

裙子底下的硬裡襯成圓頂狀，使得裙身呈現均勻圓弧型，前方與後方稍微更凸出。一直到大約1860年後，裙子前方才會逐漸變得平坦，且硬裡襯的形狀要等到1860年代中期才開始改變，於是這股趨勢才變得明顯。在1860年，一條裙子在裙襬部位可能需要長達十碼的布料，才能配合上裡面環箍的大小。[25]

緊身上衣前方以彎鉤與孔眼扣緊。這些小巧的真絲穗狀扣子是純粹裝飾用，在1850年代很流行，當時其他類似外衣上也能見到它們。

法式女袍細部，1760年代，洛杉磯郡立美術館。

袖子邊緣裝飾的橫幅做成類似小褶邊的樣子，小褶邊是長條狀打褶塔夫綢飾邊，18世紀常見於時髦外衣上頭。

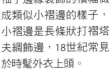

結婚禮服

約1850到60年，斯旺・基爾福德歷史協會，澳大利亞西澳州

◆

　　這件自製的巴瑞怡紗（一種平滑輕薄的羊毛織品）結婚禮服可能的出品年代很廣，從1850年到1860年之間皆有可能，看起來它的製作時間或許是在這段時期的中間左右。這件洋裝是個好例子，展現一件博物館藏品所經歷過的數次修復與改造，下文分析中會加以介紹。

....

複製的蕾絲領上這兩顆包亮綠布的扣子也是後來為了讓博物館展示而添。

肩線極低，此處幾乎已經位於上臂頂端，這是1850年代與1860年代非常典型的做法。肩線與腰線都以「包縫」（self-piping）這種裝飾手法做出飾邊。[26]

裙子前方與兩側做出盒狀褶襇，背後中央則是彈帶式褶襇；右手邊縫線處有一個插入式口袋（inserted pocket）。

洋裝袖子是鐘型袖口，此時更華麗的寶塔袖尚未開始流行，但此處已可見到袖口隱隱變寬的早期發展。這裡的鐘形袖口恰如其分與裙子形狀和寬度相映襯，原身布的斜裁（bias cut）皺褶邊條裝飾袖口邊緣，更強調出袖子形狀。

整件裙子都有內襯，配合褶襇效果，更能維持裙身形狀與體積感。

寬蕾絲領片是後來才又添加的，1850年代與1860年代早期女士通常會在洋裝上配戴可拆式領片，但當時領片應當是比圖中的要較窄較小。

1840年代以降，緊身上衣前方那片剪裁時常會預留額外布料，或是用另一片布料加上去做出胸前一排裝飾性褶襇。此處採用第一種做法，褶襇以明線縫固定。[27]

深而尖的腰線做包縫處理，包縫是當時常見的裁縫技術，既能強調出邊界，也能清楚呈現這件洋裝上衣與裙子分開裁製的特徵。此處緊身上衣乍看之下像是單獨一件衣物，但其實裙子是縫在緊身上衣內裡上面。

裙子中央前片上的辮狀飾條可能是後來才替換上去，圍繞著本來就有的包布扣子，最底下一顆扣子（裙襬處）也是替換品。中央前片與裙子本體用的是相同布料，專家認為應當是衣物上原有的構造。前片頂端與腰線尖端之間的縫隙呈現兩種可能性，一種是裁縫師製衣時布料不夠用，另一種是該處原有布料受到毀損而被拆掉。

褐色真絲波紋塔夫綢訪問服

約1865年，雪梨動力博物館

◆

　　這件衣服裙部雖然看來龐大，但當時女性剛從一重又一重襯裙之下解放出來，這種新風格想必令人感到自由愜意。裙子布料由質輕的鳥籠狀硬裡襯撐開，中間再墊一到兩層襯裙，以確保鋼骨橫條不會透過裙子的絲綢被看見。洋裝穿著時搭配可拆領片與袖口，便於洗滌。

落肩袖子以機織蕾絲飾邊。肩膀處加邊條是當時非常時髦的做法，此處的蕾絲邊是以稀疏針腳（假縫〔tack〕）固定在位置上；若與洋裝上其他一些細節共同來看，這件洋裝可能本來是舊式風格，後來才加上蕾絲邊以強調肩膀造型。

緊身上衣內有一條條鯨骨，使其硬挺並固定形狀；鯨骨以麻布包裹，位置在衣服的兩側與背後。[28]

裝飾袖口的蕾絲與肩膀處相同，腰帶與上面的雙色玫瑰花飾也呼應此一黑色主題。

裙子似乎經過改造，從1850年代的圓頂狀調整成1860年代中期流行的橢圓形；前方多添了兩片布片，讓形狀變得更平坦。裙子上手縫與機縫痕跡並存，表示它因為時尚潮流變化而經歷過一番大手術。

裙子內部有一個可拆的棉製臀墊，做工粗糙，以兩條短帶子連在腰帶上；這也是後來才做的改動之一，能增加洋裝裙子後方膨起程度，是後世顯著臀墊的隱微先聲。[29]

奧古斯特・雷諾瓦[30]，〈希柯特小姐〉，1865年，華盛頓特區國家藝廊。

在雷諾瓦這幅1865年的肖像畫裡，女子身上洋裝與本頁所介紹的非常相像，蕾絲飾邊的落肩線條、高領口與白色領片、前方以鈕扣閉合，以及搶眼的腰帶。女性穿這類洋裝時會搭配可拆式白色領片或皺褶領，實用與美觀效果兼具，保護洋裝領口不被弄髒或磨損。

晚禮服

1868到69年，巴黎，蒙特婁麥科德博物館

◆

從這個例子可以清楚看見臀墊體積變得愈來愈大，裙子前方變得較平坦，但仍維持著硬裡襯撐出的明顯鐘形輪廓。加州《瑪麗斯維爾每日呼聲報》（*Marysville Daily Appeal*）在1869年有一篇報導寫到一件類似洋裝：「白色洋裝，同布料的帕尼爾式（panier）裙子，以褶飾（ruching）和流蘇作為飾邊。」[31]

極短的膨袖以打褶的絲網眼紗飾邊，讓緊身上衣上面多出一種不同的布料質地。絲網眼紗是一種質地輕盈的真絲網布，很常被用來墊在表布之下來造型、增加體積感。以這件洋裝為例，某些時候它也能發揮表面裝飾的效果，但這種情況下它極少被大規模使用。

三角剪裁前圍裙式設計的裙子在腰部與下方兩側都有抓褶，造成布料鼓起的效果，尤以後方特別明顯。[32]這種形狀很具代表性意義，因為它展現了從硬裡襯到大型臀墊的過渡時期，裙子重點逐漸轉移到後部。當時這種外裙所製造出的蓬鬆效果（bouffant）被稱為「帕尼爾」，名稱源自於18世紀的扁裙撐；此外，做成前開的外裙還常被叫做「瑪莉・安朵娃奈特外裙」。

原身布所製的蝴蝶結標出外裙上的抓褶點（包括背後也是一樣），外裙周圍以打褶邊條與真絲流蘇裝飾整個邊緣。

抓褶塔夫綢形成一個大荷葉邊狀的裙襬，延伸成為裙裾。

1830年代以降流行以蓓沙領（berthas，圍繞肩膀〔有時也繞著頸部〕的寬幅布條）來為緊身上衣錦上添花。

蓓沙領在此處是用來調和外衣其他地方的褶襇與流蘇飾邊，同時讓緊身上衣顯得不那麼單調。

領口前方中央的蝴蝶結與裙子上的一模一樣，兩肩上的也是。

條紋真絲塔夫綢結婚禮服

約1869到75年，斯旺・基爾福德歷史協會，澳大利亞西澳州

◆

依據某些紀錄記載，這件洋裝製作於1880年代，但它與1870年代的早期大臀墊風格其實更加相合，特別是落肩剪裁的嵌邊袖孔、大量真絲流蘇，以及較寬的「外袍式」袖子。某些細節也顯示它是從一件1860年代的舊衣改造而來，因此我們將它放在此章介紹。

此處的西班牙輪狀蕾絲（Teneriffe lace）是後來添加，由博物館員工貢獻出來代替原本遺失的領片。

這對寬大的外袍式袖子可能是將原本更膨大的寶塔袖修改成這樣。外袍式袖子在1860年中期首次亮相，由兩片平裁布料縫成，手肘處留出彎度，與男士外套袖子非常相似。33

這件前扣式緊身上衣的背部是由三片布料縫成，兩邊有兩道彎度極大的後縫線，這是1860年代非常標準的做法；1870年之後，背後縫線弧度大幅減少，數量則更多。34 此處的情況再次證明這件洋裝很可能是舊衣改造之後重新上身。

據傳聞，做這件洋裝的人是一位住在西澳州西南部哈維郡的新娘，她在婚禮當天一大早開車前往教堂，在現場卻見不到新郎、教士或任何一名賓客。她在下一個星期日回到禮堂，婚禮才順利舉行；原本的預定日期當天，教士與新郎都因哈維河暴漲而被阻隔在半路上。這個精采的故事讓我們更清楚認知到一個事實：像這件洋裝之類的工藝品，它們所呈現的訊息遠不只是往日時尚，而更是那些穿著它們的人的故事，讓我們看見他們與我們大異其趣的生活風格、選擇，以及期望。35

這類洋裝能提供大量訊息，讓我們知道一般人是如何製作自己的衣服。這件洋裝不是出自專業裁縫師之手，也不是購自店鋪；許多線索顯示這是一件手工自製的結婚禮服，最重要的一點就是位於腰部飾裙（peplum）上面最表層的盒狀褶襉沒有收邊，只是被粗糙的縫在上頭，將不規則的布邊暴露在外。

此處也可看到，有一段塔夫綢沒能與裙子棉質飾邊齊平地縫在一起，結果變得鼓起來，稍微垂出裙襬邊緣。

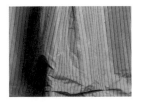

輕薄的條紋布在當時時常登上報紙時尚版面，南澳州《廣告人報》說凡是淺色調的這種布料「永遠是品味之選」，例如這個例子裡的勿忘我藍。

第六章

1870–1889

右頁圖
奧古斯特・雷諾瓦
〈散步〉
1870年
洛杉磯蓋蒂博物館

　　1870到1889年這段時間可以三種截然不同的女裝身材造型來分期。首先是從大約1870到1875年的「臀墊第一期」，然後是從約1876到1882年的「自然體態」期，最後是差不多從1883年到1889年之間的臀墊熱潮高峰。二十年間先是新事物被引進，之後短暫遭到捨棄，最後又得以復興；這是一段多采多姿、高潮迭起又充滿衝突性的二十年。

　　1860年代晚期，藉著硬裡襯形狀的改變，裙子後部逐漸被強調出來，成為整件衣物的重點。隱微徵兆逐漸浮現，幾乎是偷偷摸摸地點出不久之後要出現大型臀墊的位置，這些徵兆包括裝飾用的腰部飾裙，或是腰線後方中央的一朵蝴蝶結（類似雷諾瓦1870年這幅畫中所繪的女裝風格）。另一項指標是裙子皺褶變得愈來愈複雜，不斷往上拉抬且漸漸移動到後方；當時硬裡襯的體積已經不斷縮小，大寬裙多出的布料不得不以皺褶方式來處理，於是臀墊的使用就成了顯而易見且不可免的策略。臀墊的定義是穿在下半身的某種架子，綁在腰上固定，把裙子後方撐凸出來，像是從腰背部凹陷處下方延伸出來的一個平架。藉由臀墊之助，上面的裙子布料可以做出繁複的波浪抓褶，往下延伸成為裙裾，再添加上令人眼花撩亂的裝飾。

　　在1860年最晚期，女士所穿的臀墊體積較小，箍子位置通常僅覆蓋背後與兩側，後方部位常常會附加一套金屬線，為收束在上面的裙布皺褶提供額外支撐力量。這種臀墊被稱為「腰後裙襯」（crinolette）或「半裙環」（half hoop），而另一種被稱為「裙墊」（dress improver）或「撐腰架」（tournure，臀墊bustle這個字被上流人士視為不雅）的裝置在大臀墊與較小臀墊流行的時代都是必備品之一，這是做成荷葉邊形狀的馬毛墊子，綁在腰際固定。依靠這兩種道具，女裝首先是在1870年代早期出現較柔順、較圓滑也較高聳的臀部曲線，然後才是1880年代末期典型尖銳突出的水平「平架」狀輪廓；第97頁圖中所示的構造是支撐「平架」之用，有各種形狀與大小，不再是硬裡襯的一部分（但有時會與一種只從腰部伸到腿部後方的架子合併為一體），於是除了後方以外，裙子其他部分比起之前的造型都變得細窄纖瘦。

　　中間間隔的自然體態期之中，所有樣式的臀部架子都被拋棄，裙子的樣子變成幾乎貼身。無論是一件式的公主式緊身洋裝（princess-line），或是搭配胸甲式緊身上衣（cuirass bodice）的長裙，裙身都如刀鞘般緊包著髖部曲線；蓬鬆感只出現在裙子後方與裙裾上頭，衣物側邊則是密貼雙腿，這種效果需利用襯裙和裙子內部綁帶，將布料緊緊拉著貼合在身上。

　　大約在1883年，最後的臀墊式樣隆重登場。這種風格常被稱為「平架臀墊」（shelf bustle），從穿著者腰背部下方以九十度直角往外筆直凸出，物如其

94　古典洋裝全圖解

名。[1]以這種器具撐出的裙型上面裝飾用的皺褶較少，讓整體視覺效果比1870年代早期要嚴肅許多，看來像冷冰冰的建築物。不過這股趨勢流行時間也很短，到了1880年代晚期就讓位給一種不大不小的臀墊，穿在身後以將流行到1890年代的三角剪裁裙子撐出一點體積。許多時尚刊物對此轉變表達欣悅，1887年一份澳大利亞報紙就說：「以撐腰架來講，女裝時尚變得愈來愈合理。那種大幅往外凸出的可笑撐腰架在過去幾年已讓認真看待美觀問題的人受盡折磨，如今幾乎已被遺忘。」[2]

諷刺作家老愛在大眾報刊上登文嘲笑早期的臀墊裙裝樣式，將它們比作蝸牛和甲蟲的渾圓外骨骼。新的公主式洋裝也難逃被指指點點的命運，《龐趣》（Punch）[3] 和類似的雜誌都說這種纖瘦貼身的衣物把女人身體裹那麼緊，害她們幾乎動彈不得。喬治‧杜穆里埃（George du Maurier）[4] 的卡通畫〈否決〉（Veto，約1876到77年）描繪舞會上一對時髦的年輕男女：「我們——嗯——坐下吧？」男士如此說。「我很想，」他的女伴回答，「但我的裁縫師說不行！」

或許就是這種風格，對於當時蓬勃發展的「理性服飾運動」（Rational Dress Movement）有強烈推波助瀾之效；只不過，1850年代艾米麗雅‧布魯默的努力並未造成任何持續性的影響或後繼有人，女性普遍從衣物束縛中得到徹底解放也是五十年後的事。「藝術服飾運動」（Artistic Dress Movement）和「美感服飾運動」（Aesthetic Dress Movement）取得相當進展，同樣在推廣人們多使用自然布料與簡單裁縫技術，但兩者基本上都局限於知識分子與所謂的「波希米亞」圈子裡，直到1881年「理性服飾協會」（Rational Dress Society）成立，才有人開始積極宣揚健康和舒適高於一切的穿衣理念。著名的女裝改革者瑪莉‧哈威斯（Mary Haweis, 1848-98）對洋裝的美感價值與實用性同樣重視，認為兩者絕非不相容的關係。她單純地推崇能呈現女體「自然線條」的簡單衣物，她並不是反對時髦洋裝所要展現的女子體態，她在《美的藝術》（The Art of Beauty, 1883）裡說，這是「可稱許的，因為它展現了女性那些太久以來被藏得嚴實的身體部位線條」；但她對流行品味偏激過度的情況頗有微詞：

沉重的尾巴，拘束的裙裾，不但無法讓身體動作看來更柔和或更美觀，反而會跟著穿著者的步子抖動，讓一個淑女變得像是母牛在脹奶。[5]

一般讀者讀到這類文字之後，也會回信不吐不快地說說這議題。1877年，一名女性如此表達她的擔憂，認為許多這類外衣本應是精湛工藝的奪目成品，卻因為被時尚風潮霸道介入而失去光彩：

　　裙子上的皺褶與飾邊是裁縫師花了多少工夫的心血，卻因為被抬高拉斜而變得完全看不出本來設計風貌；沉重裙裾束縛雙手雙腳，一舉一動總是受到拖累，限制原本自如優雅的動作。[6]

　　為了讓洋裝之美不被破壞，理性服飾的倡議者發明出「健康」束腰馬甲和較輕量的內衣並加以推廣，希望這些新東西能讓流行服飾更符合衛生條件，同時也不會讓穿著者看起來特立獨行。無奈的是，只有少數人願意使用這些創新設計。如果說到運動休閒服這一塊較專門的區域，服裝改革者取得的成效就比較扎實，讓女性更願意在從事體育活動時選擇較具實用性的衣著。

　　大部分女性的生活依然離不開束腰馬甲，特別是在1870年代晚期，那是個胸甲式緊身上衣與公主式緊身洋裝的時代，人們為這些衣物所呈現長而細的腰腹線條而瘋狂。束腰馬甲軀幹部分的剪裁因此更長，比起之前使用更多條鯨骨來增加硬度。不過，這個時代束腰馬甲的形狀與束縛程度其實是因兩樣新技術而有了大幅改變，一是1860年代晚期出現的蒸氣模塑技術（steam-moulding），

這在1870年代與1880年代特別盛行，是將馬甲布料上漿後貼合在人體模型上，使其乾硬到所需程度。第二個是種造型特殊的插骨，稱作匙形插骨（spoon busk），頂端窄，到了馬甲底部逐漸變寬成為湯匙形狀。[7] 這種插骨能在腹部起到更強的加壓效果，維持緊身上衣前方平坦，但也讓衣物更加拘束。

雖然當時一件時髦洋裝看來如此複雜，但其實時尚愈來愈是一個所有女性都可參與的世界。若想擁有一件流行美衣，人們已經不必找裁縫來為自己量身訂製（用當時的話來說就是「做整套」〔en suite〕）。一個很主要的原因如下：由於動力紡織機和其他機器紛紛登場，紡織業一下子變得潛能無限，衣物剪裁與縫紉的效率也因此突飛猛進（打褶機就是一個例子，1880年代打褶成為衣物必備要素，打褶機因而供不應求）。家用縫紉機愈來愈易取得也愈來愈被廣泛使用，做衣服變得更省時，產量自然也更大。最時興的服飾怎麼做？怎麼穿？這些資訊都能藉由紙型（paper pattern）流傳而更為大眾所知。另一方面，百貨公司的發展也讓工廠製作的成衣與飾品有了展售的地方。

到了1880年代尾聲，愈來愈多聲音開始委婉表達質疑，認為臀墊這種東西不應該繼續存在；當時報章雜誌也呈現各家臀墊製造商都惶恐不安地觀望此事後勢如何。一名紐約記者對這東西受歡迎的程度感到好奇，因此寫了篇報導來加以考察，觀察白天不同場合與不同時間有多少女性會穿著臀墊。最起初他覺得，裙下完全不用任何支撐物的女性數量似乎只要一隻手的手指就數得完；不過，等到他的調查結束，這位記者已能夠說明1880年代最末那漸進卻徹底的轉變。縱然許多人仍無法接受洋裝不加臀墊，但也有愈來愈多女性開始坦然使用尺寸較小的臀墊（「繫在洋裝上的蘆稈或金屬線」）或甚至完全拋棄它：

> 一名高大豐滿的女性，身穿藍色訂製披風……她背後輪廓看不出任何延伸架構的存在，這身影既美好又時髦，在報導者眼中她的模樣真是賞心悅目。[8]

這篇文章筆調雖詼諧，但卻是點出洋裝演化真實進程的重要史料。時尚插畫和博物館展品可能讓我們誤以為普世女性一下子都讓自己改頭換面，像是1870年代和1880年代三種截然不同風格的演進過程。大量追逐流行的人雖然渴求倫敦與巴黎的最新風尚並試圖加以仿效，但其中許多人個人日常衣著其實不會有多少改變，許多人拋棄或採用新流行的步調也會與同時代的大多數人不同，可能更早或者更晚。但無論如何，臀墊式的洋裝仍是女裝史上不同凡響的存在，搶眼、挑逗、一望即知，且至今仍是設計師汲取靈感的一個來源。

右頁圖
詹姆斯・麥克奈爾・惠士勒[9]
〈梳妝〉，1878年
畫中時髦裙裾上布滿波浪花邊
華盛頓特區國家藝廊

真絲塔夫綢石榴紅洋裝

1870年，美國，洛杉磯郡立美術館

◆

　　從這個時代開始，比較常有修改衣物以配合體育活動的例子。本章所分析的第一個圖例就在當時對於「運動服」可接受的範圍內做出小小更動；這件洋裝沒有裙裾，這在1870年代早期是難得一見的情況。

像這樣的小型立領在1870年代早期依舊風行。

1860年代末期流行的較高腰線已經風光不再，此處腰線位於人體自然的位置。

此處仍保留1860年代袖子明顯的落肩設計。袖管本身筆直，由兩片布料縫成，袖口處以三列鑲飾流蘇的褶襉飾邊來收邊。

這件洋裝製作時間可能是在「臀墊第一期」剛開頭的時候，但已經展現整個1870年代對豪華飾邊的著迷程度。臀部的粉紅真絲編結（macramé）流蘇呈交叉圖樣，線條延伸到前方，在腰線下方拉出兩個深尖點。

裙身依然圓膨，但已經做出臀部特別突出的造型，這表示這件洋裝底下很可能墊了腰後裙襯與金屬線臀墊。

無裙裾的設計讓這件洋裝適於作為出門行走或散步時的衣著。

不收邊（frayed edge）的塔夫綢褶襉為這件外衣上大量飾邊增加一項新元素。設計者顯然試圖給予這件洋裝最新潮、最時髦的理想模樣，奉1871年一項宣言為圭臬：「一件流行服飾是泡起、褶襉（tucking）、褶飾、皺褶、蝴蝶結、皺紋、蘇格蘭褶、流蘇、蕾絲與荷葉邊的美妙綜合。」[10]

洋裝

約1870到73年 ，加拿大，蒙特婁麥科德博物館

◆

當時許多流行服飾企圖將太多種顏色融合在一套服飾上，但這件洋裝則採用協調的色調。利用質感具對比性的布料也是時尚做法，此處就是使用兩種色調的塔夫綢和羅緞錦的例子。

緊身上衣前後有鑲邊的飾條做出像是長而窄的過肩的樣子，但此處效果只是純粹裝飾用。

短巴斯克式上衣後面延伸出一片「左馬御者」（postillion），鋪在臀墊上方。這個名詞的來源是左馬御者（四馬馬車領頭的騎師）所穿的制服，用以指稱緊身上衣上類似斗篷尾部、在裙子臀墊撐出的平台上展開平鋪的裝飾物。這種做法在1870年代早期非常盛行，一份美國報紙還說：「〔時髦緊身上衣的〕後背絕對有一片左馬御者。」[11]

外裙後方布片收攏到較短的前方布片兩側做出抓褶，讓裙身後側更有膨感；外裙內側還有上下繫結的綁帶，造成更多固定成形的泡起效果，且可依據穿著者的需要加以調整。[12]

距此20年前的1850年代，這種造型類似夾克的緊身上衣也曾經風光一時。圖中這件是短版且腰線相對較高，邊緣繞著延伸到腰線下方的短垂片，在排扣底端開衩並形成兩個尖點。

袖子末端是稍呈尖形的方形袖口，用深藍色布條收邊，和緊身上衣其他地方以及圍裙式外裙的做法都一樣。

這裡可見當時受歡迎的圍裙式外裙（法文為tablier），分作兩區。

深荷葉邊增添底裙裙襬向外擴散的效果。左手邊另有一整個橫幅的平褶襉、抓褶和蝴蝶結，為洋裝增添不一樣的質地與氣氛。

晚禮服

約1873年，巴黎，蒙特婁麥科德博物館

◆

　　諷刺作家常把臀墊裙裝造型比作某種生物外骨骼來加以嘲笑，但這件工藝高超的華麗晚禮服／晚宴服用上這比喻卻是恰恰好；它出自名滿天下的法國女裝品牌柯貝—溫澤爾（Corbay-Wenzell，被稱作A・柯貝〔A. Corbay〕）的獨家設計，上面許多細節是這個牌子的典型風格。這件洋裝包含臀墊時期早期許多關鍵美感要素，可謂是時尚的最先鋒。

洋裝緊身上衣前方模樣簡直是這個時代的造型典範，有一個仿18世紀風格的方形領口，以蕾絲大手筆加以飾邊。七分袖的終點是皺褶袖口，展現這件洋裝整體設計中所含的歷史元素。

腰部飾裙做盒狀褶襉，側邊左右都以人工加重的藍色絲綢布條往下拉墜，在臀墊中央褶飾區域上方製造出圓弧狀的結構，烘托這個部分身為整件洋裝設計重點的重要性。

裙子前方有兩層，邊緣都是長條狀深米色結繩飾邊，底端飾以流蘇，不但強調出多層次這個流行元素，也能完美與裙身垂幔皺褶融合一氣。這種飾邊也出現在裙裾和領口。

淡藍色翻邊（rever）隔開裙子前半的雙層造型與後半臀墊部分的漏斗狀造型，翻邊本身也帶有繁複無比的飾邊，絲綢所製的渦卷狀荷葉邊沿著翻邊向下繞一圈，從裙裾原本的單向褶（flat pleat）飾邊上頭通過。

花呢格紋絲綢雖然搶眼，但採用的是相對而言較為低調的色彩，與淡藍色的袖子和裙子飾邊能夠相得益彰。花呢格紋圖案當時很受喜愛，時尚插畫常稱讚它是一種美麗動人的衣料，適用於許多場合。

緊身上衣的剪裁漸漸開始貼合人體自然腰線以下的軀幹部位。到了1874年，貼身的部分已經開始往下涵蓋髖部。

臀墊部位的裙子造型不只是靠臀墊架子來支撐維持，還要靠裙子內部一條條個別的綁帶將兩側裙身往內拉，才能做出這種獨特的形狀。這條裙子整體輪廓相對而言較為纖細，符合當時剛吹起的流行風潮，也就是讓衣物比較貼近人體自然曲線的做法。

真絲塔夫綢訪問服

約1876年，澳大利亞，雪梨動力博物館

曲線纖瘦的公主式緊身洋裝與胸甲式緊身上衣到了1876年已是時尚界固定班底，但這件洋裝卻呈現從1870年代早期延續下來的大型臀墊造型。另一方面，此時臀墊位置已經降到腰部較低處，很快就要讓位於刀鞘般的公主式緊身洋裝，後者將在約1877到80年之間大紅大紫。

高而圓的領口引向前方中央開襟處七顆鈕扣，最底下一顆停在自然腰線上，再往下就是前開式的腰部飾裙，以原身布做出的皺褶為飾邊，延伸到緊身上衣後方並平鋪在臀墊上。[13]

男士服裝與軍裝風格的影響可見於裙身和上衣飾邊，特別是袖口條帶以及裙子兩側的垂片，兩者上面都有裝飾用的扣子。

整件裙子上都使用鈕扣，這是在1870年代興起又衰退的一股風潮；一份紐西蘭報紙的婦女專欄上描述過類似做法：「裙子飾邊以及袖子、口袋、翻邊等處都有極小的圓形金屬扣。」[14]

緊身上衣與裙身使用淡紫色（mauve）真絲塔夫綢裁製，飾邊用的是對比性強的薰衣草色，這種在一套衣服上混用相似色調的做法在1870年代早期到中期都很時興。[15]

這十年內很流行像這樣較長而呈圓弧狀的裙裾。

該時期內大部分裙子都是三角形剪裁，收束於背後；這個例子裡的裙面直接從臀墊上方垂落到地面，不加任何額外的泡起或皺褶。

喬治·希利[16]，〈羅珊娜·艾特瓦塔·溫沃斯〉細部，美國，1876年，華盛頓特區國家藝廊。

這幅肖像畫中呈現類似的皺褶高領，緊身上衣上別著一朵胸花。畫裡人物髮型也是1870年代的典型風尚。捲髮棒在1872年問世，自此要在頭髮上弄出大波浪或小捲都不再是難事，讓這些花樣一下子風靡起來。圖中女子留出一部分頭髮在背後以長鬈髮的樣子披散，其他的編成辮子，髮型可能是中分也可能有一點點薄瀏海。[17]

絲綢與素緞日用禮服

約1877到78年，英國，辛辛那提藝術博物館

◆

　　這套三件式洋裝由當時名氣如日中天的女裝設計師查爾斯・佛里德里克・沃斯在巴黎製作，徹底呈現他的才華洋溢與他這間店的豪華作風。另一方面，這件衣服也與辛辛那提當地生活息息相關，衣服主人在當地另外訂做一件搭配圖中裙子的晚宴用緊身上衣。這套洋裝不但擁有複雜的歷史、有趣的背景故事，更是展現當時女裝某些最時髦元素的極佳範例。

這件日用上衣採七分袖，搭配起來非常適宜出席半正式場合，也就是女主人在自家接待賓客時的穿著。

這個例子是通往型態類似刀鞘的一件式公主線條（公主式）緊身洋裝的其中一個過渡型態，獨立的緊身上衣長度迅速增加，剪裁緊貼腰部與髖部；這種緊身上衣後來被稱為「胸甲式緊身上衣」，因為造型類似中古時期鎧甲之中緊貼軀幹的那個部件。

沃斯對歷史感情有獨鍾，致力於復興18世紀帕尼爾式外裙，前開、緊包著髖部、背部收束在位置較低的臀墊上。這種帕尼爾式裙子到了1880年代依舊風行，當時裙身已經不再那麼貼合髖部線條，但就如1880年一份報紙所說：「它們並不膨凸；事實上沃斯的帕尼爾式裙子造型一點都沒有誇張之處。」[18]

百褶襯裙（balayeuse）是一層做出皺褶的平紋細棉布，可拆下，邊緣常飾以蕾絲（如此處所示），效果是將裙裾抬離地面，同時具有保護與美觀效果。[19] 襯裙上方有雙層刀狀褶（knife pleats）。

領口深而方，以繡花蕾絲飾邊，底部飾以蝴蝶結，與18世紀外衣的低胸露肩領有一些相似，令人想起下圖這種裝飾華麗、上面點綴成列蝴蝶結的三角胸衣。這兩件衣服中胸口的蝴蝶結也都出現在袖口荷葉邊上方。

瑪莉・湯慕斯夫人（Mrs Mary Thoms）住在辛辛那提，她在巴黎從知名女裝設計師沃斯的店裡買下這件裙子和日用上衣。回到辛辛那提後，她又向當地裁縫師瑟琳娜・卡瓦拉德（Selina Cadwallader）訂做一件搭配裙子的晚宴用上衣，同樣是蕾絲飾邊的低胸領口，但使用的布料是與襯裙相同的18世紀風格花卉圖案絲綢；湯慕斯夫人向沃斯買下洋裝的同時，也額外多買了一碼布料。[20]

法式女袍（細節），1750到60年，洛杉磯郡立美術館。

格紋絲綢洋裝

1878年，英格蘭，洛杉磯郡立美術館

◆

　　蘇格蘭格紋的洋裝很受年輕女孩喜愛，這件洋裝是為了一名剛進入成年的少女所製，也就是她所穿上的第一件「大人」衣物，衣服的成人服飾風格反映當下許多最新流行趨勢，並結合青春大膽的布料印花。洋裝採公主線條剪裁，與胸甲式緊身上衣和裙子的組合並列為那個時代兩大時尚造型。

浮雕寶石，18與19世紀，蓋帝圖像開放內容計畫數位影像。

鉛製玻璃（paste）材質的胸針是當時很流行的一種珠寶，浮雕設計也頗受歡迎，常見於時尚插畫裡面。浮雕的材料可以有各式各樣，包括貝殼、石材，甚至熔岩，題材多是古典時代的人物和歷史情節。

長長一列扣子十分可愛，在這件前開式洋裝上頭也扮演實用角色。

前方中央一朵大蝴蝶結，剛好位於膝蓋下面一點，將觀者視線帶往這件外衣最主要的美感設計部分。此處是精工縫製的二維「揭幕」效果，看起來好像是格紋裙子被往兩側拉開，露出下方另外一層。

《少女期刊》（*The Young Ladies' Journal*）在1878年末說：「今秋格紋再度登上時尚舞台。」下面提到一種很受歡迎的顏色搭配，與圖中的花樣相符合：「藍與綠是最常見的組合，紅色也會現身，蘇格蘭各氏族的圖案都很搶手。」[21] 其他出版品也鼓吹所有女性重拾格紋，不過格紋布料通常都會搭配素色布料用在同一件緊身上衣或裙子上。格紋料子也常出現在飾邊上，或是用來製作夾克或斗篷這類外搭用的衣物。

裙子後方臀墊原本的位置上依然有一排排的褶襉、抓皺、蝴蝶結，底下也會用硬挺的襯裙來將裙裾上方的裙子撐出膨大感。然而此時腰線下方已經不再裝著一個突出的臀墊，裙子與緊身上衣採連身一體的剪裁，腰部沒有水平縫線，而臀部到髖部則有幾條垂直縫線，形成一個一體成型的鞘形。

就連日用服裝都少不了一條可觀的裙裾。

塔夫綢洋裝

約1880年，法國，洛杉磯郡立美術館

◆

　　輕柔淺淡的顏色在1880年代早期很流行，《女王》（*The Queen*）雜誌中就有說到「外衣色調愈淺愈是雅致」。[22]這件洋裝使用淺灰藍（powder blue）塔夫綢，帶來青春氣息，並能讓精緻的皺褶花樣清楚成為整件衣物的主角，不會喧賓奪主。紡織工業的發展讓廠商能以更簡便、更快速的方式製作出衣物上的某些特殊造型，比如此處裙襬和袖口的細密蘇格蘭褶（kilting）；另一方面，動力紡織機問世之後，裁布縫衣整體來說也能變得更有效率，裁縫者能花更多時間製作這些手縫或機縫的華麗飾邊。

....

立領在1880年當紅，稍後人們還會在立領內部加入骨架；相較之下此處領片還是比較貼合穿著者頸部的。

一件式洋裝前方開襟處以真絲包布扣子扣合。這類洋裝通常有條內腰帶，用來將衣物布料盡量內拉貼緊穿著者身形。

整排扣子只有少部分是純粹裝飾用。兩朵咖啡色塔夫綢玫瑰花飾為排釦增添不一樣的風情，另外兩朵可見於袖口處。玫瑰花飾可能是從歷史古裝取材，令人想起它們在17世紀如何廣受歡迎。

不對稱皺褶布料環繞膝蓋形成類似外裙的結構，在前方盡展風華，然後往後隱沒入裙裾上由塔夫綢、流蘇與褶襉構成的整片浪花裡。

領片與袖孔邊緣都有原身布嵌邊。

這件衣服腰部沒有水平縫線的痕跡，是能夠展現純正「公主線條」設計的絕佳範例（此一詞彙據說來自那位優雅又苗條的英國王后亞麗珊德拉公主）。此時洋裝變成一件式，線條幾乎是緊身，盡顯穿著者曲線；為了達到這種效果，此處的做法是在軀幹兩側從胸部到髖部加上數道垂直縫線。

這道窄口內部是個做在衣服裡的口袋，既實用又被巧妙地隱藏起來。

比起前幾個例子的「傳統」臀墊造型，此處已經看不到任何臀墊殘跡，這件衣服最耗布料的地方都集中在大腿根部以下的位置。

當時「理性服飾運動」逐漸興起，倡導者之一的瑪莉・哈威斯很欣賞當時流行服飾如何呈現女性的「真實」體型線條。不過她也表達了她對兩個方面的擔憂，一是長而複雜的裙裾「〔讓兩腿〕不舒服」，使得女士行動無法優雅」，二是衛生，也就是說這些長而拖地的裙裾會掃過骯髒的城市街道，把汙泥砂土全都帶回家裡。[23]

真絲與羊毛結婚禮服

1882年，澳大利亞，雪梨動力博物館

◆

　　這件衣服所用毛織品極其細緻，實品的黃色比圖片要輕柔許多，更加柔和、更加中性。淺色調在當時是愈來愈受歡迎的婚禮服裝用色，結婚禮服的實用性降低了，卻也更顯奢侈貴氣。這件洋裝保存狀況非常良好，新娘可能只在婚禮當天穿過它一次。它的主人並非有錢人，但它在主人生命歷程與情感上的紀念價值顯然不菲；因此，當時中低收入戶的女主人常把嫁衣修改後繼續作為日常衣著使用，但這件衣服卻未遭逢這種命運。[24]

兩片抽褶（shirred）做皺的絲質橫幅在胸線上構成V字形，將觀者目光導引到纖纖柳腰。

一件式洋裝前開扣處是十八顆素緞包布扣。素緞飾邊的寬片打褶羊毛布橫跨裙子前方，造成整體不對稱構圖，在後方連接到同樣是素緞飾邊的臀墊上。

這幾排刀褶（knife pleating，即蘇格蘭褶）每道褶痕之間重疊的範圍大小非常精準。當時出現了專門用來打刀褶的新機器，因此這種花邊變得更容易製作，也就更容易被消費者取得。

及踝長度的裙子在1880年代早期很常見，這種造型可能來自於18世紀中晚期的波蘭式女袍。

緊身上衣上有蠟製的假橘花枝，這來自於一項古遠的婚禮傳統，新娘配戴橘花以象徵多子多孫。蠟質假花也被用於頭飾，假花和假花枝都常被當成紀念品，當時保留至今的妝奩裡有不少這種東西。

胸甲式緊身上衣長度極長，藉由一系列九條省道縫褶工法來做出合身效果，外衣背後的幾道向下轉化為褶飾臀墊造型，用一朵大的平蝴蝶結來畫龍點睛。臀墊下方流瀉出一片蘇格蘭褶群裙，其設計與裙襬處相呼應。[25]這整套衣服大部分地方都是用鎖縫縫紉機（lockstitch sewing machine）來製作，大大簡化此處所見複雜結構與縫紉技術的難度。[26]

雪梨一份報紙在1882年11月評論道：「一般所謂的『抽褶』，仍然極常被用在洋裝裙子上。」這件裙子上最主要的裝飾就是一道又一道抽褶羊毛布細條，這種做法在1880年代早期非常受歡迎，但施用於緊身上衣時通常做得比較保守，原因可能如同篇文章所說：這東西若用得不加節制「就是大忌，會毀掉肩部與胸部的輪廓」。[27]

結婚禮服

1884年，蒙特婁麥科德博物館

◆

　　這件量身訂做的結婚禮服是以流行的酒紅色布料所製，當時某本時尚刊物是這樣說的：「勃艮地酒紅與深紫紅色（claret red）……淑女們的裁縫師似乎最喜歡這兩種顏色。」[28] 禮服底下會穿著襯裙，襯裙骨架由數條藤條或鯨骨構成，表面幾乎與地面垂直，這是當時視作理所當然的造型。

....

外裙裁成圍裙狀，在後方抓提出三組垂幔造型。這個時期的做法是用數片獨立布料做出皺褶，加在三角造型的裙身上，裙身通常抓束於後背中央。1883年某份報紙的時尚專欄如此描述一套類似的緊身上衣與裙子：「底端尖形的緊身上衣長度僅觸及髖部，圍裙式外裙上頭搭著造型類似寬裙襯的皺褶布料……甚有品味。」[29]

圍裙式外裙披垂下來的部分縫在底裙上固定，其中一個長長的直角部分蓋住一邊，剛好接著裙襬飾邊的最上面一排。

女士所穿的臀墊有各種型態，但這個時候很多人用的是填充馬毛的墊子，捲成四方形或彎月形。美國報刊某篇時尚專欄說這種東西「鬆鬆填充的話就非常可靠」，能夠維持「裙子……的外形」並避免「上下抖動」所造成的滑稽效果。如果製作洋裝的布料太薄，或是基底裙最下端的重量不夠，臀墊上面承載的重量就有可能不均勻，破壞洋裝整體線條。[30]

這個時代的洋裝緊身上衣前方通常會有一整排直排扣子，此處十八顆金屬扣上面印著房屋圖樣，是勃艮地酒紅汪洋中的一抹異色。

深尖形的巴斯克式腰線是1880年代早期標準造型，在髖部上緣勾畫出纖細曲線，但並不像胸甲式緊身上衣那樣整個蓋過髖部。上衣背後工整延伸出覆蓋在平架臀墊上的部分，穩穩向後突出，與一個盒狀褶襉的腰部飾裙相結合。

裙子前方與兩側比較貼緊雙腿，變寬的地方轉移到後邊以及新式垂直狀臀墊處。

三排塔夫綢蘇格蘭褶，上方邊緣是一片風格化的蝴蝶結型飾邊，深尖角造型呼應裙身前方與後方的皺褶模樣。

這件裙子底下完全沒有裙裾。裙裾在這個時期非常少見，只偶爾出現在晚禮服上。

塔夫綢洋裝

約1885年，法國，洛杉磯郡立美術館

◆

　　這件洋裝是個絕佳範例，呈現1880年代中晚期流行的「單件組合」（separateness）裙子，也就是個別獨立的一件件衣物組合起來構成一整套流行女裝的模樣。此外，當時流行的繩線（cord）與麻花辮飾邊也在這套衣服上發揮功用，竭盡全力將臀墊處的輪廓凸顯出來。整件洋裝採用各種深淺不同的紫色，同樣能在視覺上強化整體線條。

1880年代流行圖中這種緊貼頭部的大型罩帽；不過，只待進入1890年代，時尚界很快就成為有邊帽（hat）的天下。

這件緊身上衣相對而言長度頗長，是胸甲式緊身上衣的剪裁，長度超過臀部，在洋裝前方與兩側形成長而明快的線條。

裝飾在緊身上衣前方的繩線也是裙身上主要飾物，先是出現在臀墊上，然後往下每隔一段都會現身。繩線是1880年代流行的飾邊種類，某篇時尚專欄對這東西萬用百搭的程度有精闢評價：「繩線和流蘇……人們盡情發揮各種想得到的方式來使用它們，像是環繞綁在腰間、當作巴斯克式上衣前方綁帶、繫在頸上、在裙側打成長結（long knot）……」這件洋裝用了好幾種上述所提的用法。[31]

裙裾由一條紫色繩線提綁起來拉離地面，這表示這件裙子有可能也被用來搭配另一件緊身上衣作為晚禮服或晚宴服。

左圖，1885年這件洋裝的細節；右圖，法式女袍，約1745年。皆收藏於洛杉磯郡立美術館。

緊身上衣前方有一片中央直幅，稱作「護心」（plastron），和裙子上是一樣的花卉浮花圖案。這片直幅的效果令人憶起18世紀的三角胸衣，且還以紫色繩帶交叉繫結作為裝飾（與第三章介紹的約1725到45年之間這件法式女袍幾乎一模一樣）。繩帶可拆，緊身上衣前方其實是由一排十三顆飾釘金屬扣來閉合。

這條飾帶以不對稱的方式環繞膝部，構成1870年代晚期到1880年代早期之間洋裝流行的熱鬧繁複設計。

裙子褶襉工整分區，邊緣飾以淺紫色浮花布，能在穿著者走動時造成紫丁香色光芒在裙襬一閃一閃的效果。

黑色尚蒂利蕾絲與粉紅素緞洋裝

約1888年，加拿大，蒙特婁麥科德博物館

◆

黑色尚蒂利蕾絲（Chantilly lace）在1880年代風靡一時，當時特別盛行將這種蕾絲覆在粉彩色系底部上面的做法，例如本圖使用的就是粉紅色。與這件外衣成套的有一顆裝飾用黑玉，這種寶石和蕾絲不只常用於衣服，在飾物上也很常見，尤其是帽子。這套衣服上的各種設計元素都符合加州某份報紙在1887年春天所做的評語：「黑色蕾絲洋裝尚未達到最受歡迎的程度，因為上面太常出現新花樣。」[32]

....

袖子頂端稍稍膨起，預告著它在1890年代會變得更大。黑玉肩章（epaulette）位於袖子最頂上，也有強調膨起部位的效果。

這件外衣製成之後沒過多久，臀墊就開始失去流行主角的地位。1880年代末期，女士只會在裙子底下帶個小墊子來讓裙身稍微膨大一點。這件衣服本身就附有臀墊結構，由三條鋼骨和內藏的帶子構成。

圍巾，比利時，1870到1890年代，洛杉磯郡立美術館。

尚蒂利蕾絲也被用來製作頭飾、領片、披肩，以及本圖所示的圍巾等飾物。

裙身上有兩朵蝴蝶結，下面垂著長緞帶，緞帶末端以繩線收邊。這不僅能增添美觀，它們的位置也標示出緊身上衣前方開襟處與後方臀墊。這類緞帶（特別是其末端流蘇）讓人回想起15世紀與16世紀用來繫袖子的肩飾帶（末端以金屬收尾的繩帶）。《德莫雷斯特》（Demorest）雜誌在1887年9月對這類飾邊受歡迎的情形有以下描述：「洋裝上大量使用緞帶蝴蝶結裝飾，有時從腰部到裙襬全部都是。」[33]

圍裙式蕾絲底裙下方，這件外衣裙部正前方是從上到下一排排蕾絲荷葉邊，位於左右粉紅素緞在中央的開口處，粉紅素緞上則以尚蒂利蕾絲做出好幾層花邊。1870年代到1880年代之間，尚蒂利蕾絲最常見的用法就是用來做成洋裝上面的荷葉邊。人們也可以自行購買蕾絲布來替舊衣加工，讓老衣服能跟上新時尚。紐約布魯明戴爾百貨公司（Bloomingdales）1886年的型錄裡就有種類繁多的黑色尚蒂利蕾絲荷葉邊，顧客可任選長度購買，寬度規格從十二到三十六吋不等，每單位售價在美金七十九分到兩塊一毛之間。[34]

第七章

1890–1916

從1880年代末開始，過去二十年間所流行的女裝輪廓逐漸失寵。1890年代的女性衣著不再使用各種裙下支撐物（只除了偶爾會在腰間綁一個非常小的小臀墊），主要特徵就是線條簡單流暢，至少下半身絕對是如此；結構清晰的沙漏狀緊身上衣下面延伸出三角剪裁的裙子，最底下還有裙裾。臀墊消失之後，裙子後方多出一大堆布料；臀墊垂幔皺褶的繁複豪華過去了，此時裙子幾乎完全沒了複雜的外表加工或大量額外加添的布料。

既然人們不再一心一意往裙子上下工夫，巨大羊腿袖也就當了一陣子舞台要角，在1890年代大多數時間內獨領風騷。「羊腿袖」這個詞特別具有象形效果，因為這種袖子實在長得太像羊腿：頂端膨大，逐漸向袖口收縮到緊密合身的程度，如果是晚禮服的話就會在手肘處／手肘上方收尾。羊腿袖的體積在1895年達到最高峰，但打從1890年代剛起頭的時候，就已經出現許多頗為可觀的早期例子。大型袖子搭上平整A字長裙，整體視覺效果讓腰部看起來更為纖細。

19世紀末年，羊腿袖的體積逐漸變小，只剩下袖子最頂端稱為「抬袖」（kick-up）的一處小小膨起；晚禮服肩部常有一片獨立的皺褶布料，就是「抬袖」留下的影子。[1]

羊腿形狀的袖子與沙漏形狀的軀幹相配合，再加上能將穿著者軀幹向前推、髖部向後推的新型束腰馬甲輔助，一種新的女裝輪廓「S形曲線」（S-bend，俗稱「直身」〔straight-fronted〕、「天鵝喙」〔swanbill〕或是「蛇形」〔serpentine〕）由此而生。這種風格的宗旨就是要窮盡手段製造出細到不能再細的纖腰，最極端的狀況下女性軀體因此被迫前彎，看起來幾乎像要往前傾倒一樣；同時，女性胸部處被這種新型束腰馬甲結結實實的壓平，製造出「單胸」（mono-bosom）的效果。時人酷愛超大型帽子與往上梳的高聳髮型，視覺上能補償衣物整體不平衡的問題，造成上重下輕的效果。到了身體的另一頭，裙子從膝蓋以下散開，形成大片如浪花泡沫般的裙裾，由無數縫在裙襬和連在襯裙上的皺邊構成。當時人們愛用雪紡（chiffon）、雙皺（crêpe de chine）等輕柔飄逸的布料，因此才可能把裙子做成這種模樣；但另一方面，製作假褶邊（false-hem）時還是必須用塔夫綢或棉布這類較硬的布料，才能為衣服撐出形狀。查爾斯·丹那·吉布森（Charles Dana Gibson）[2]在他的素描諷刺畫裡所繪的「吉布森女孩」（Gibson girl）形象讓這種衣著造型深植人心，成為19世紀最讓人印象深刻的流行風格之一；女演員卡蜜兒·克里福德（Camille Clifford）[3]和其他偶像明星都是這種風格的代言人，她們是時尚界所謂「It Girl」的鼻祖。雕塑S形曲線的束腰馬甲後來一直流行，直到1908年左右出現包

覆位置在胸部以下、長及髖部的更新一代束腰馬甲為止；這種新馬甲的功用是將軀幹下半與髖部的線條變得如流線般順滑，以配合捲土重來的帝國式腰線服飾。

　　雖然女性軀體被塑造成極不自然的形狀，但與此同時，較為「休閒」的女裝領域卻也有大幅度的進展。騎單車的女性可選穿更適宜體育活動、讓人行動更不受限的新型態衣物，新式女裝運動服中較極端的例子就是騎車用的布魯默褲，這東西雖然在當時惡名昭彰，且常在諷刺漫畫裡亮相，但卻只有少數人願意使用（它的響亮惡名就是證據之一）。單車女騎士通常穿著合身夾克與稍短一點的裙子，不過從一件事我們可以看出當時社會風氣，那就是時人寧願為了安全因素修改腳踏車設計，也不願讓車主為此改變穿著。腳踏車製造商知道許多女性對於改用布魯默褲或開衩裙都深感畏懼，甚至連改穿長及小腿的裙子都不願意，因此他們推出車架降低、附有裙護板（skirt guard）的新式腳踏車來吸引這類消費者。

　　1890年代，女性在社會裡的角色愈益多元；她們的身分不再只是妻子或母親，有的還能成為學生或進入社會就職（主要擔任女銷售員、教師、祕書，以及其他書記工作），不再像傳統婦女那樣需要花費大多時間於女紅（包括裁縫製衣）上頭。依靠現成的便宜紙型，就能做出巴黎時尚插畫中最新潮的造型，這表示幾乎任何人都能自製時髦衣服，只是他們鮮少用得起時尚插畫中原型所使用的貴重衣料與飾物。社會上對女性角色與形象認知的改變，與「世紀末」（Fin-de-siècle，特指西方世界19世紀晚期這個時代）這個概念相應；這個詞逐漸被用來指涉人們在一個熟悉的時代步向尾聲時所感受到的無力、焦慮與其他心理上的不安。1899年英國報紙《伯明罕日報》（*Birmingham Daily Post*）有一段評論，言簡意賅總括這種恐懼之情：

　　我們得將1900年當成一個小事件、小時代……某些〔人〕會相應地感到哀傷憂鬱……本世紀那些偉大的成就似乎都已耗盡消亡……在這世紀的結尾，唉！實際上〔我們〕必得目睹那些造就眼前秩序的人物從這世間徹底凋零……下一個世紀所見到的又是新面孔（與新的難題）……他們再也不能像長久以來古人所做的一樣，以守成規為自己的依託。4

　　這世界模模糊糊表達著自己的心神不寧，而這其中又混雜了對於「新女性」的普遍疑忌；這些女人不但參與體育賽事（通常是在男女混雜的團隊裡），

兵工廠女工與監工
威爾斯
約1915到16年
圖中女子身穿繫皮帶的外袍，
下身是褲子與長靴。

且進入職場或就讀大學的比例愈來愈高，因此對嫁人生子愈來愈失去興趣。傳統價值觀遭到取代，新興思想所根植的理論有的合理有的偏激；這時代的衣裝是兩端之間的平衡，一端是要打造出和過去一樣束縛軀體的身材輪廓，但另一端則是來自各方的不同影響，充斥於主流和前衛的設計之中。

話說回來，女性既然成為工商業的勞動力，那些受男裝剪裁影響而較為實用的服裝也就更受歡迎。兩件式套裝由夾克和裙子組成，內搭襯衫（常稱作「男式女上衣」）的領子漿挺，有時還附領帶，是這批更富獨立性的新女性職場必備衣著。就連那些仍然謹守傳統男女分際的女性，她們的衣櫥內容也終於變得多樣化；到了後來，不論每個人的教育程度或職場野心如何，上下分離的襯衫與裙子幾乎成了所有女性的日用衣物。[5]雖然人們接受實用性的衣服，但那些更有「女人味」的衣物一直都更受歡迎也更易取得，這個現象更襯托出當時女性所擁有的選擇之多。本章許多例子都展現女性對甜美優雅不變的追求，這些例子裡有花卉圖樣的飄逸布料，上覆蕾絲和雪紡。在過去，女裝時尚始終呈現「女德」標準，如今依然。

到了1900年，我們雖然看到更多不尋常的衣著改革與美感服飾運動，但事實上嚴肅看待衣著改革的人已經愈來愈少，就連改革者本人都對此失去興趣。即使許多人都還認為流行服飾有其需要改變之處，但事有輕重緩急，服裝這類「芝麻小事」若讓人從更緊要的解放議題上分心，那就是大大不該。所謂時尚，似乎正用它自己自然的、漸進的腳步朝向一個較改良的模樣去，但這模樣還需要一些時間來發展。

第一次世界大戰爆發之前的時代，是一個不安之情日益升高、人們對於國際政治變化充滿狂熱期望的時代。戰爭之下的功利主義態度，以及對女人成為為戰爭服務的勞動力（特別是兵工廠）的高度需求，導致女性在服裝改革方面獲得空前進展。這些工作通常充滿危險，女工為了安全原因不得不穿著實用性高、只重效能不重其他的工作服裝。不過，在實際需求取代時髦需求之前，高級時尚的世界也出了幾個空前絕後的創新者，包括雅各・杜賽（Jacques Doucet）[6]、馬里亞諾・福圖尼（Mariano Fortuny）[7]和露西爾（Lucile）[8]等人。不過，其中最出名的大概還是保羅・普瓦烈（Paul Poiret）[9]，而他也是最常被視為當時女裝新型輪廓創始者的人；他的「燈罩式」寬外衣（lampshade tunic）與他對哈倫褲（harem pants）的喜好或許是被清楚劃歸「前衛」一派，但他這個新的圓管形輪廓與他善用「東方風情」的才能（這點因他與俄國芭蕾舞團的合作以及舞劇《天方夜譚》〔Scheheazade〕的成功而更大放異彩）卻能在時尚界產生更廣泛的影響。

結婚禮服

約1890年，蒙特婁麥科德博物館

◆

　　這件兩件式外衣為一名加拿大新娘所有，由羅紋波紋絲綢製成，結合高級時尚元素與一些較少見的特徵。它與當時新發展出來的「畢業袍」（graduation gown）有幾分相似。畢業袍大多是由白色或乳白布料所製，是19世紀下半葉那些讀書求取文憑或學位的女性會穿著的衣物，她們人生稍後或許還能將畢業袍稍做修改成為自己的嫁裳。

緊身上衣上半部的四排褶襞（shirring）讓這件硬挺絲綢衣物的穿著者能有一些活動空間，同時讓衣物構造更清楚，也加強了這件洋裝披垂皺褶的斜角走向。1893年紐西蘭一篇時尚專欄這樣描述這種廣泛流行的技術：「褶襞變得非常多……不只用來做過肩（yoke），也用在領口製造效果。」[10] 這股風潮從19世紀中期就已經很明顯，此件外衣是較晚期的例子，說明褶襞在19世紀最後十年仍舊在衣物上有一席之地。

緊身上衣前方是斜疊式（surplice）交叉領（wrapover），左側布料延伸疊到右側上方，在洋裝背後中央以鉤子固定。《紐約時報》也提到時髦緊身上衣流行這種風格的情況：「斜疊式上衣以各種變化形式出現在各種材質、各種功用的正式衣著上頭。」領口的小V形是藉由斜疊領做出的效果，在1890年代早期似乎是非常常見的造型。《紐約時報》後頭又繼續說到某件的類似緊身上衣上面V領造型：「前襟從左蓋到右，交會處很貼近喉嚨，因此做出來的V字形很小。」[11]

1890年代初期，裙子的剪裁相當貼合髖部，往下展開形成鐘形或鬱金香形的裙襬。

這件洋裝的外裙側邊開衩，前方三角剪裁，後方稍稍抓提起來形成一個小臀墊造型。臀墊這個女裝元素已經逐漸消失，但進入1890年代之後它仍有短暫時間會繼續出現。

布料斜向打褶，起始點位於緊身上衣後背中央，延伸覆蓋過肩膀而到胸部。

羊腿袖（此時仍被稱作gigot）在大約1895年達到最誇張的尺寸，但這個較早的例子已經顯示出1890年代初期羊腿袖的普遍大小。

1890年代是新娘時尚的重要發展時期，過去的結婚禮服有各種顏色，但會避開純白、乳白與象牙白（褐色與紫色的結婚禮服在19世紀大部分時間都非常盛行）。不過到了這時，像此例一樣較輕柔的淺淡色彩已是新娘服的常規；同時新娘也會穿戴純白、乳白或象牙白的飾品，例如頭紗、手套和下圖所示的這種鞋子。

一雙女用牛津婚鞋（Oxford shoes），美國，約1890年，洛杉磯郡立美術館。

日用洋裝

約1893到95年，斯旺・基爾福德歷史學會，澳大利亞西澳州

◆

　　這是西澳州重要的歷史遺物，是一名地位很高的歐洲移民之妻所有物，由伯斯當地裁縫師製作。這整套衣飾包括一件黑色花緞洋裝，緊身上衣與裙子在在展現裁縫師對當時歐洲與美洲最新流行趨勢的掌握，尤其羊腿袖是那個時代一眼就能認出的女裝特徵，是典型1890年代較早期流行的較為下垂的樣式，衣物本身線條也是當時最時髦的沙漏形狀。

....

緊身上衣前方用一排十六顆工字鈕扣（shank button）扣合，鈕扣本身是寶石般的八角形，反射耀目光芒。[12] 在這種表面較少裝飾花樣的洋裝上頭，鈕扣的重要性就相對提高。

緊身上衣縫進背後四條、前方兩條鯨骨來加固，每條鯨骨都以棉鞘包覆，縫在衣物內部縫線上。值得注意的是，比起當時歐洲流行的做法，這件衣服內附的鯨骨鞘數量不但較少也較窄，插在裡面的鯨骨比歐洲常用的要更細。之所以做出這些調整，很大的原因是要配合西澳州當地氣候。

緊身上衣前後以黑色機繡紗網做出貼花（applique），在中央形成V字形。同樣的紗網也圍繞脖子做成環狀過肩。

這對羊腿袖在手肘下方變得很合身，但到了手腕又稍稍展開，外側縫線處縫進一片紗網。

裙子由六片布料縫成簡單形狀，腰部前方側面有開口（placket，指裙子或褲子上方開口以便穿著的部分）[13]來扣合。

緊身上衣背部中央最下方成一個深深的尖角，比前方尖角還要長三吋。寬幅蕾絲逐漸收窄，引導視線往下，強調出此處腰部的形狀。

最初這件衣服的穿著者可能會在腰部配戴一個小型臀墊來撐起裙身後方，讓此處絲質花緞（一種有圖案的織品）以最搶眼的方式呈現在觀者眼前。

裙子沒有裙裾，但底下會用三角剪裁的襯裙來撐出外裙往下些微散開的造型並加以延長，襯裙裙襬有褶邊。

衣袖可換的洋裝

約1895到96年，雪梨動力博物館

◆

　　這件赤褐色偏紅的日用洋裝購置於大衛瓊斯百貨公司（David Jones），今天這間公司是世上最長壽且持續營運的連鎖百貨企業，也是個顯著的歷史指標，呈現當時澳大利亞各城市縱然遠離倫敦巴黎等裁縫業首善之都，但也擁有時尚中心的地位與進步水準。1896年，《雪梨晨鋒報》（*Sydney Morning Herald*）說大衛瓊斯百貨的展示間與型錄能「保證滿足所有最刁鑽的品味」。[14]

浮花絲綢翻邊從這件三層緊身上衣的開襟處向外延伸蓋過袖子，此處這種打褶的大翻領又稱為「布泰勒」（bretelles）。

縫紉機的普及使人們能更簡便、更快速地做出結構複雜的洋裝，同時省下更多時間用來做手工布面裝飾，比如此處所見的絲綢玫瑰花和銅質串珠。

三角剪裁的裙子前方平坦，背後收束向下延伸出小型裙裾，這是當時最典型的裙子造型。裙子裡面會搭配三角剪裁的襯裙，襯裙裙襬有皺邊並呈喇叭狀向外開展。

這時候羊腿袖的膨大程度已經達到極點，裙裾也隨之變寬，常需用掉超過五公尺的布料。

1890年代中期，我們可以看到極其搶眼、向外擴張的羊腿袖，其寬度與硬度都超過之前幾年。為了維持形狀，袖子內部需要添加硬裡襯之類的額外支撐物（連金屬線製的袖撐都流行了一段短暫時間），就像1830年代的氣球狀圓膨袖那樣。

1890年代中期的時尚刊物常會說，巴斯克式上衣不管「長或短」或是「帶著尖角狀腰部飾裙」的各種造型都非常受歡迎；這些文章裡通常同時也會說到人們對於外裙新生出的熱情。以上兩者都可見於本頁圖例中。[15]

以這件衣服為例，時尚風格不再只是有錢有閒的人的專利；「成衣」（readymade）在這個時代變得比以前更常見，人們不再將時髦精緻的衣服與財富權貴階級畫上等號。在歐洲、美洲與澳大利亞，這種轉變都與百貨公司的發展同時並進，滿足都市中新興中產階級的需求與消費欲望。雖然裁縫師（與縫衣女工〔seamstress〕不同，前者兼做服裝設計的工作）仍是炙手可熱的職業，但即購即穿的成衣不但方便且易於取得，反映了時人更快速的生活步調，以及消費者日益高漲的需求。

洋裝

1897年，洛杉磯郡立美術館

◆

　　本圖是這件兩件式日用洋裝背後的模樣，由巴黎「儒夫商號」（House of Rouff）所製；這位女裝設計師被一份報紙稱作是「不做墨守成規照章剪裁的外衣，〔他的衣服〕有自己的表情，且就是要讓你看見」的女裝設計師。**16**　這件衣服不但採用創新剪裁，緊身上衣上頭各種深淺不同的淡紫色（mauve）也是當時流行的色彩組合。

特別高的高領設計是1897到98年之間開始的流行風潮，頂端邊緣長而尖的裝飾非常搶眼，袖口也有相同造型。

整件衣物的焦點幾乎全在於緊身上衣上如建築設計般複雜的打褶配置，褶子往前越過肩頭，在胸前會合形成一個線條柔和的V字形。

這件裙子是個好例子，呈現1890年代流行的素面不加裝飾風格，強調的是裙身結構造型而非裙面繡飾。裙子背部中央的深褶有助於做出平滑流瀉的輪廓線條，且能增添體積感。

袖子大小在1890年代中期達到巔峰，到了大約1897年，它們的樣子已經不再那麼誇張。這件洋裝呈現的是袖子開始慢慢愈變愈小的趨勢。此處這對袖子是羊腿袖的較小型變體，向下逐漸收縮，到下臂與手腕處就變得極為貼身。

黑色絲綢腰帶點綴以黑玫瑰花飾，強調出纖窄的「蜂腰」（wasp waist），令人想起1860年代中期類似的「瑞士束腰」（Swiss waist，當時也被稱作「麥第奇束腰」或「瑞士胸衣」）。

這個時期有些洋裝會用與衣物本體不同的布料來做袖子，此處華麗的紫色天鵝絨袖就能明顯看出是採用了這種做法。天鵝絨在1890年代末期非常受歡迎。洋裝其他部分用的是絲質斜紋布。

這個例子清楚展現1890年代末期標準的三角剪裁裙子，由三角形的布片縫成，因此能做出這種造型。頂上膨起有弧度的線條，以及底端向外開展的裙襬，都會在1900年代成為流行舞台上的大主角。**17**

日用洋裝或訪問服

約1900年，蒙特婁麥科德博物館

◆

　　黑色狹條蕾絲（tape lace）是這件洋裝上的主角，因底下襯著柔粉色絲綢而顯得更加醒目。1901年一份報紙是這樣說蕾絲在當時盛行的程度，說它「還是被用在各種地方……有的襯衫表面覆滿蕾絲，也有的袖子是以蕾絲做的皺褶袖口來收尾，還有長而尖的蕾絲襟片」。[18]

加骨架的高領在1900年代早期成為時髦新寵。

這對袖子是1890年代晚期的小型肩部膨起造型，只在幾處抓束做出形狀，因此不會像之前那樣膨到超過肩線的高度。進入1900年代之後，袖子膨起處變得較低且較下垂，且常可看到膨袖在手肘以下的地方變成囊袋形狀，袖子頂端則變得窄而合身。

蕾絲布置留下一些留白空間露出底布，其中一塊是位於裙子頂端的裙腰（yoke），能夠強調出腰部位置，以及臀部後推、胸部前翹的新型S曲線。

薄布外裙在臀部以一系列省道縫褶工法做出形狀，裙身兩側與後方都有抓束，造就一條剪裁相對纖細、裙裾大小中庸不誇張的裙子。

緊身上衣前方「鴿袋式」造型（pigeon pouched）垂到腰線下一點點處，強化「單胸」與纖腰的視覺效果（同時稍加遮掩腰部真正的位置）。這種做法從1898年開始變得到處都看得到，雖然這時用來雕塑出S形曲線的長版束腰馬甲才剛發明沒多久。此處中央「護心」（這個詞用來指稱緊身上衣前方以不同布料構成的部分）以花瓣圖樣的狹條蕾絲飾邊，讓時髦的鴿袋造型成為焦點。

當時很流行在袖口或領口做皺褶，這可能受到歷史服飾影響，同時也提供一個展示蕾絲織品別致設計的場所。

寇松夫人的晚禮服

1902到03年，巴斯時尚博物館

◆

　　這件奢華的兩件式晚宴用外衣是為印度總督夫人寇松夫人所裁製，出自巴黎頂尖女裝設計師沃斯商號（此時的主持人是尚—菲利普·沃斯〔Jean-Philippe Worth〕[19]，商號創始人查爾斯·佛里德里克之子）。這是早期愛德華式風格（Edwardian）[20] 的集大成，包括新式流行束腰馬甲所造出的S形曲線（又稱天鵝喙）、外放開展並附有裙裾的裙子，以及位置偏低的自然腰線。

．．

束腰馬甲，約1900年，洛杉磯郡立美術館

束腰馬甲前片堅硬筆直，將穿著者的髖部往後推；胸部相對而言未被覆蓋也未受支撐，因此位置變得較低。

緊身上衣是落肩領口；19、20世紀之交時非常流行這種大片低胸露肩領造型的晚禮服。

緊身上衣在前方以一排鉤子與鉤眼扣合，上面加覆一片裝飾性的橫幅由右蓋到左，在左側以另一組鉤子與鉤眼扣合於衣物上，這樣上衣前方整體視覺畫面就不會在中間被切斷。

腰帶可拆，繫在腰線自然位置的稍下方，位於髖部頂端；其作用是強調出當時新流行的這種體態曲線，並將觀者視線導引到前方平坦、裝飾繁複的裙子。

裙襬最邊緣是輕柔絲質雪紡，與緊身上衣的飾邊相呼應。皺綢、網紗、玻璃紗（voile）等既軟又薄的布料常用於飾邊，特別是用在晚禮服上。從1900到1905年，這類織品上面常加有繡花、貼花、珠子、亮片等裝飾。

這件外衣表面繡飾著超過四百片橡葉，圖樣周圍以繩線與絲質素緞做出邊緣輪廓。從裙身前側可見橡葉相連成圈，葉尖朝向前方，能讓人將注意力集中在S形曲線前推的胸部以及後翹的髖部。

結婚禮服

1905年，新南威爾斯曼寧谷歷史學會

◆

　　這件四件式絲質雪紡結婚禮服來自澳大利亞東岸，是當地自製的衣物一例。它的設計與製作顯示當地裁縫師對歐洲與美國的最新流行趨勢所知甚詳，證明那些適應殖民地生活並從中獲利的富裕家族財力是何等雄厚。

....

高領兩側各有一條骨架，有加固與支撐形狀的效果。

緊身上衣V字形開襟上有著大而平的翻領（邊緣飾以與袖口相同的打褶透明硬紗，這是後來才加上的裝飾），底下則是一件機織的高領「端莊領」（modesty neckline），模仿洋裝前身的模樣製成，上面飾有三朵素緞小蝴蝶結。

寬領片稍稍蓋過腰部，強調出S形曲線所導致的上身前傾「鴿胸」造型。

層疊膨袖是20世紀頭五年很受喜愛的造型，1890年代的氣球狀膨袖則在大約1905到07年之間短暫重振聲勢。這種袖子結合歷史上數種不同風格，來自相距甚遠的好幾個不同時代，包括1600年代晚期、1700年代，以及1820到30年代。

為了保持緊身上衣背後打褶細節不受干擾，這件外衣採取前開剪裁，以六個青銅鉤子扣合，從V字形的尖端往下排列到裙子頂端。[21]

同一件衣服上混用不同顏色與深淺色調，這種做法在接下來幾年內變得更為盛行。此處可見數種不同的明暗色調，從象牙白到咖啡色，將彩色結婚禮服的老傳統與當時使用純白、乳白、象牙白與金色的新風潮融為一體。

數條機織蕾絲覆蓋在裙襯外側，以不同材質為整套衣物的底端增添視覺豐富性。裙身後方向外開展，但沒有做裙裾。[22]

結婚禮服

約1907年，蒙特婁麥科德博物館

◆

　　這件精緻的結婚禮服表面覆布幾乎全用巴騰堡蕾絲（Battenberg lace）製成，這是一種使用編辮織帶（braided tape）的蕾絲製造工藝，當時其他受歡迎的工法還包括愛爾蘭鉤針蕾絲（Irish crochet）與機織蕾絲。到了19世紀晚期，因為有了機造織帶，因此匠人們能便捷也更快速地製作出各式各樣的巴騰堡蕾絲，以網襯或蕾絲針法為基礎變出無窮花樣。

前開式緊身上衣在這時期很流行，可以露出裡面有花樣的襯衫，或像此處這種的貼身輕薄假內衫。雖然此時晚禮服露出的肩脖面積已經遠超以往，但女性穿著日用服裝（包括結婚禮服）時仍覺得遮蓋頸部才顯莊重，這種風氣從1910年以後逐漸改變。

時興的顯著「單胸」效果在此使用微帶鴿胸式設計的前襟來加強。

寬腰帶中央有三朵大型蕾絲花，將注意力引到纖腰處。

橘色圓花花飾上有小顆珍珠，直接縫在網紗背布上，妝點在裙周數條垂直窄條以及緊身上衣上頭。整片蕾絲被各種垂直直條劃分成區，直條上有精緻繡飾。

微微膨脹的袖子往手肘漸漸收緊的造型此時仍在，直到大約1909到10年才退出時尚舞台。

這對輕薄底袖的造型由一道道收束的皺邊構成，用桃粉色織帶來束緊固定。1907年好幾處時尚專欄在討論當年流行指標時都不忘提及衣物上的皺褶效果，還說這提供自己做衣服的人一種簡單而儉省的方式來為外衣增添姿采。

裙襬邊緣一圈垂幔狀造型，底下是些微打褶的絲網眼紗飾邊，呼應領口與上臂袖子的設計。

夏季洋裝

約1904到07年，史賓斯堡時尚博物館與檔案館，賓夕法尼亞州史賓斯堡

◆

蕾絲麻衣或細麻洋裝（有時簡稱為「白」〔whites〕）在1900年代很常見，通常用作夏季服飾，一般不加內襯，使用的布料十分輕薄。縫紉機與機織蕾絲的普及，讓更多女性得以穿著這類流行服裝。

一條水平蕾絲寬帶橫斷軀幹中央，或許是不久之後帝國式腰線復興的先聲。

這是個囊袋狀或稱「鴿胸式」緊身上衣的好例子，能強調出軀幹前傾的造型。到了大約1906至07年，當時許多洋裝都分成緊身上衣與裙子上下兩件個別裁製，上衣自身用鉤子與鉤眼繫緊扣合（大約在1903年之後還有另一個新選擇：不鏽鋼摁扣）。[23]

裙子上方有尖角的裙腰將多餘布料收束起來，襯托臀部纖細體態；不久之後時尚界關注臀部纖瘦的程度就會達到新高峰。設計者有時會使用寬腰帶或瑞士束腰來達到類似效果。

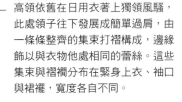

德國鄉間相似的輕薄夏季洋裝，1903年。

高領依舊在日用衣著上獨領風騷，此處領子往下發展成簡單過肩，由一條條整齊的集束打褶構成，邊緣飾以與衣物他處相同的蕾絲。這些集束與褶襉分布在緊身上衣、袖口與裙襬，寬度各自不同。

這件洋裝的「主教袖」（bishop sleeves）造型並不誇張，上臂處施用一頭縫死一頭打開的活襉（released tuck）來控制袖管膨度，下方布料則在手腕處內收連接蕾絲袖口。緊身上衣上頭也可看到類似褶襉，讓整套服裝協調一致。

這段時期，裙身剪裁通常前方長而直，後方披垂，有魚尾裙（trumpet skirt）或傘狀裙（umbrella skirt）等造型，某些部分使用三角剪裁來使裙襬呈一個圓形。本頁圖例用的是捲邊三角剪裁，延伸成為裙裾。

這個時期這種小型裙裾在日用衣物上很常見，20世紀早期服飾改革倡導者不斷大聲疾呼要將裙裾徹底廢除，認為這東西會散播汙泥塵土，因此是疾病傳播的幫兇之一。未來幾年內，隨著女裝愈來愈注重實用性，裙裾自然逐漸從日用衣物上頭消失，但仍保留在晚禮服上。

夏季洋裝

約1908年，蒙特婁麥科德博物館

◆

　　傳統的女性化洋裝無論何時都受歡迎，也總在市面上占一席之地。花卉圖樣，表面覆著輕飄飄的蕾絲，本圖這種例子展現女性對於優雅與精緻的永恆想望，符合時尚中完美呈現的女性美德。

....

從1890年代以降，許多洋裝的過肩都是衣物本體的飾邊，而非另外縫製的一個部分。此處環蓋肩膀的蕾絲織品就是模仿過肩樣式。

長袖在手肘處稍微膨起，然後從前臂到手腕都是合身剪裁。[25]

洋裝前方間隔插入一條條垂直的窄條蕾絲，呈現出「公主式洋裝」剪裁的線條。緊身上衣、裙子與袖子上最寬的那條蕾絲條帶是幾何螺旋花紋，稱作「曲流」（meander）或「回紋」（key fret）[24]；這種花紋在古希臘遺物上特別常見，其古典源頭可見於下圖陶罐（約西元前800到760年）細節。

以前「鴿胸式」上衣垂在前方的突出布料在此例中被移到兩側，使用簡單的褶襇與抓束來製造出些微懸垂效果。兩條水平蕾絲帶標誌出腰線的自然位置。

雅典幾何蓋瓶，細部，希臘雅典，洛杉磯郡立美術館。

這種花紋出現在這件洋裝上，顯示當時處於新古典主義復興早期，從大約1908年年末開始提倡造型更簡約的洋裝。

裙子相對而言仍舊較為膨滿，裙襬因兩側與後方收束的皺褶造型而更顯寬大。

黑絲素緞與蕾絲洋裝

約1908到12年，新南威爾斯格里菲斯先驅園博物館

◆

　　這件洋裝是1908至12年之間服飾風格轉型期的典型造型，呈現「督政府式復興風格」的發展。這件洋裝的主人住在東澳大利亞，歐洲最新流行總要遲個一兩年才會傳到那裡，因此在這件衣服的飾邊與小細節處也可看見新舊交融。

袖子上半部與斜疊式緊身上衣一體剪裁，長及手肘，以一條素緞緞帶鑲邊，下面的底袖是長達手腕的機織蕾絲（底布是加光棉〔polished cotton〕）。[26]

繡花棉質蕾絲網是機器所織，便於裁縫師做出更複雜的設計，包含褶襉、漩渦狀花朵圖案，以及扇貝狀花邊。緊身上衣、裙子和袖子上都有一束四道小型褶襉，這是當時極為流行的裝飾手法。

緊身上衣的高領內有七根骨架使其挺立，骨架貼合頸部形狀。這種做法從大約1909年之後開始退流行。

當時時尚專欄常會提到繫腰飾帶，《布里斯本郵報》就說，因為那時流行「外觀平實的洋裝」，所以人們在「處理裝飾細節時能有機會發揮創意，其中大概以繫腰飾帶最重要」；該篇專欄還描述一條類似本圖的繩帶：「這類製品也有寬辮帶……簡單繞圈繫起來後，繩帶末端會每隔一段打個結。」[27]

本頁圖例是很典型的帝國式腰線設計，腰帶是複製品，上面還綁著繩帶狀繫腰飾帶，更強調腰線位置。前文所描述的這種裝飾用辮狀繩帶可能是受日本服飾影響，「帶締」（帶締め）是綁在女性和服寬腰帶上的裝飾繩帶，在下面這幅19世紀版畫中可以看到。

照片裡女子所穿的洋裝與本頁圖例非常相似，照片攝在英格蘭，年代約1909到12年之間。其中以層疊袖子與蕾絲高領設計特別反映出當時從歐洲流行到澳大利亞的某些關鍵時尚要素。（作者家族檔案）

歌川國芳[28]，《阿里與權太》（細部），日本，19世紀，洛杉磯郡立美術館。

晚禮服

1910到12年，雪梨動力博物館

━━━◆━━━

　　這又是一個呈現當時時尚界崇尚古典精緻比例與帝國式腰線的例子。這件洋裝大約製作於1911年，比1790年代或1800年代早期的類似服飾結構更清楚、線條更俐落，穿著時內搭長及髖部的束腰馬甲與窄襯裙，兩樣都是1910年代代表性的服裝配件。

....

據信這件洋裝的主人覺得衣服原本的領口太低而加以改造，此處這片真絲網布做的抹胸（modesty panel）可能是後來加上去填補開口，衣物背後也有類似細節。[29]

袖口兩列平坦打褶的飾邊與18世紀洋裝上的小褶邊相似，兩列飾邊之間是網布橫幅，上面點綴銀色亮片。

一件英式女袍外裙上的飾邊（小褶邊），英格蘭，約1770到80年，洛杉磯郡立美術館。

「霍布裙」（hobble skirt）裙身剪裁非常貼近足踝，從1910年左右開始出現，它最流行的模樣對穿著者行動限制極大。此處的裙子雖然偏窄，但在裙襬處稍微向外開展，表示女性採用「最時尚」的服飾風格時還是能有一些變化空間。

商用打版模型上的文字說明都會直接說：裙子長度可由製作者任意決定。不過，在這個時期，長度短於足踝的裙子極為少見。

和服袖（kimono sleeve）與緊身上衣一體剪裁，布料分區做出褶襉，位置稍微蓋到肩膀邊緣（一篇時尚評論說這是「斜疊式披垂造型，左右兩區跨越兩側極寬的範圍，前後皆然」），是很常見的裝飾做法。[30]另一種很普遍的造型是像18世紀三角領巾那樣，讓布料披垂繞在領口與肩膀上，做出類似女用襯衫的效果。

洋裝採前開襟設計，閉合處在右手側，使用一排金屬摁扣。[31]

獎章形飾品點綴以串珠和流蘇，讓緊身上衣與垂幔狀外裙成為畫面重點。串珠在這個時代是很受歡迎的飾邊做法，獎章形飾品也常出現在晚禮服或新娘禮服上面。塔斯馬尼亞一份報紙在1911年9月說到類似的裝飾手法：「飾邊中出現了串珠的型態……串珠獎章形飾品搭配串珠飾邊，在金箔（gold tinsel）、黑網布、辮結或是氧化金屬箔片的基底上混合呈現各種各樣的顏色。」[32]這類裝飾品能反射蠟燭、煤氣燈，或是電燈的光線，在觀者眼中有如珠寶般光耀奪目。

當時很流行外短內長的雙層裙子，輕柔薄紗做出造型覆蓋在較平實、較有剪裁設計的底裙上。此處底裙的設計感呈現在一排九顆包裹原身布的扣子上，每顆中央都有銀珠。

女用羊毛套裝

約1898到1900年，蒙特婁麥科德博物館

◆

　　女用套裝（suit，或稱tailormade）的剪裁幾乎與男用夾克一模一樣。1898年倫敦出現一封「淑女來信」（Lady's Letter），刊登於各家報紙上，裡面說女用套裝雖然「有各種材質，但真正適宜的衣料只有所謂的西裝布」，而裁縫師的「手藝從這類外衣『加工』水準就可清楚看出」。[33]

套裝裡面會穿著「男式女上衣」這種模樣類似男士上衣的緊身上衣，其材質與顏色有各種變化。不過，本圖套裝最可能搭配的是素面白色或乳白色上衣，再打一條黑色領帶。

前文引用的那封信，信件作者對她所謂的「正統樣式」套裝有如下描述，聽來與本頁圖例頗為類似：「緊身上衣是雙排扣（double-breasted）設計，兩排扣子愈往腰部愈靠近……袖子完全樸實無文，連肩膀處都是素淨。」信件作者說這種風格是「一百年前女性所穿的騎裝」，從這套服飾可以看出它與18世紀晚期女用訂製獵裝（後來愈來愈成為日用衣服常見風格）的一些相似處。

喬治・浩伍[34]，〈帶槍與獵犬的埃芬漢伯爵夫人〉，1787年，耶魯大學英國藝術中心保羅美隆藏品。

最上面的翻領鑲著同色系的深酒瓶綠天鵝絨鑲片，緊身上衣與裙子整體則是由羊毛布所製，當時時尚報刊都說羊毛布是裁製女用套裝的首選衣料。澳大利亞一份報紙就推薦使用「任何重實、織紋緊密的羊毛布料，例如嗶嘰（serge）、直貢呢（Venetian cloth）或切維爾特羊毛（cheviot）。」[35]

袖子相對樸實無華，只有肩膀處有些微抓束，袖管長而微彎，袖口處剪裁合身並以鈕扣固定。

裙子造型簡單，符合《昆士蘭人報》在1900年4月對一件類似服飾的描述：「裙子……上端完全合身，但……底端向外展開，形成短而雅致的裙裾。」[36] 不過，這並不是當時女用套裝的制式化造型；同一年8月《芝加哥論壇報》就提到：「〔女用套裝裙〕花樣愈來愈多……以前的樣子多麼整齊、多麼端莊、多麼平整……現在我們看到……女用套裝上頭加了蕾絲，邊緣……有辮狀飾條……數十數百條塔夫綢小皺邊鑲在邊上。」[37] 這段文字與當時許多時尚刊物提倡使用更多辮帶、繩帶與編結來裝飾的態度相符合。

女用套裝

1912年，蒙特婁麥科德博物館

◆

　　這件套裝的材質是淺米色山東柞蠶絲（tussah silk），出自女裝設計師路易・桑甘（Louis Sangan）之手，採用當時典型的修長纖細剪裁，是除了洋裝以外女性可選用的另一種日用服飾。

....

這時期內各種日用服飾幾乎都是寬領造型，此處的新月領（shawl collar）背後部分依舊寬平，方正披於肩上，像水手服（sailor-suit）的領子一樣。領子邊緣以藍色和米色的人字紋繩帶（soutache braid，一種扁而窄的飾邊用繩帶，又稱galloon）做出兩排扇貝狀飾邊，同樣的飾邊也出現在袖口。[38]

在1911到12年之間非常流行以扣子來扣合衣物或當作純粹裝飾的做法，美國女性雜誌《描畫者》（The Delineator）在1911年末就說：「以當前流行而言，人們怎麼使用扣子都不過分。」[39] 夾克下襬兩側用原身布隔出的直幅上各有三顆圓頂狀包布扣，同樣的扣子也用來扣合夾克前襟。

夾克的圓弧狀下襬與裙幅圓弧狀裙襬相呼應。

A字裙兩側各嵌入一片V形直幅，上面裝飾的人字紋繩帶和鈕扣與夾克上的風格相同。[40]

裙子長度剛好蓋過足踝，搭配寬緣帽與及踝或半筒皮靴穿著。

裙子前幅邊緣裝飾著做成扣眼形狀的辮帶環，後幅邊緣則相應地縫上一排扣子。[41]

灰素緞晚宴外袍

約1912年，巴黎，蒙特婁麥科德博物館

◆

　　這件外袍之所以被選入這本「洋裝史」，是因為它代表當時紅透半邊天的「和服風」（kimono style）這種時尚風潮，並展現新流行的高腰洋裝要怎麼搭配其他衣飾。圖中水窪式裙裾（puddle train）和窄裙襬的設計特別值得注意，後者後來變成霍布裙而登上西方時尚舞台。

....

日本與歐洲在1854年開啟貿易，造成一種以日本藝術為中心的特殊審美文化。女裝時尚也要從中取經，導致流行洋裝和洋裝設計基本概念的發展方向有所改變。縱然女性比起過往已經獲得很大解放，但典型的日本柔弱女子與其構造複雜的衣著似乎已成為一種令人嚮往的女性形象，如《日本天皇》（The Midako）[42] 和其他受歡迎戲劇中所描寫的那樣。在此同時，日本人穿和服的愈來愈少，但西方人卻開始喜愛和服那種顯著的寬鬆感；西式洋裝成為日本女性常見的穿著，如這幅1888年的版畫所示。

這件直裁外袍的重量是由肩膀支撐，一變過去數十年來將重點放在腰部的做法。設計師保羅・普瓦烈是主導這場時尚風向改變的關鍵人物。

寬大的多爾門袖（dolman sleeve）長度僅蓋過手肘。大約1912年後，七分和服袖變得比較少見，讓位給較長（且通常為雙層）的袖子。

這類外袍通常是敞開著穿著，如圖所示，在髖部的位置以單一一側的細繩飾扣（一般是用辮帶所製）來繫緊。此處可見外袍背後用了一條類似的扭轉辮帶（形式與日本的組み紐相似，通常是繞在傳統和服的腰帶上面打結繫緊），標示出背部衣料抓束的位置並加以固定，將外袍裙部拉貼向膝蓋後方，做出類似西方時髦洋裝與日本和服都有的「霍布裙」造型。[44]

月岡芳年[43]，〈出門散步：明治年間貴族夫人風俗〉，1888年，洛杉磯郡立美術館。

外袍的裙部沒有裙裾，裙襬甚至不著地，讓穿在外袍下面的洋裝成為畫面裡另一種不同的顏色和質感。這種設計可能是受到某些種類傳統和服獨立製作的裙襬影響。

女用三件式套裝

約1915年，蒙特婁麥科德博物館

◆

從20世紀初開始，兩件式或三件式組合的「套裝」（稱作costume）就很受歡迎，成為許多女性日用常服，與洋裝、襯衫／裙子的組合並存於女裝時尚界。此處的例子年代約在第一次世界大戰初期到中期，呈現那個時代女裝輪廓相比之前更寬鬆也更大。時尚記者說這種剪裁線條「邋遢」但「合理」，適合在大後方日益成為重要勞動力的現代女性穿著。[45]

....

「三件式」的第三件是素緞與透明硬紗材質的粉紅襯衫，附有扇貝形邊緣的蕾絲貼花領子（像水手領一樣拉出來蓋在夾克上），外面穿著兩側開衩的乳白色羊毛開胸短上衣（bolero）。[46]

寬水手領洋裝，約1917到18年。（作者家族檔案）

這張德國家族合照（約1915到16年）中可看到一件與本頁圖例風格類似的套裝，夾克下襬採不對稱設計，襯衫有寬大領片。照片中小女孩所穿的水手領也可供參考。（凱斯廷〔Kästing〕家族檔案）

圖中這類中國風格的手繪鈕扣在當時是新玩意，時常用來扣合夾克或外袍前襟。

夾克的高腰設計延續戰前帝國式腰線復興的風潮。

夾克下襬做成手帕狀尖形，長及髖部。

裙子兩側都有真絲繩帶做成的貼花，上端有一條乳白色真絲腹帶（cummerbund，一種硬挺的布質帶子），在背後綁緊。[47]

這件洋裝已經捨棄之前流行的圓管狀線條，這點特別展現在裙部設計上。裙身稍微往外開展，頂端有雙縫（double-stitched）裙腰，前後中央則各有一條雙縫線。[48]裙子造型在一次大戰期間會變得更寬也更有波浪狀，大約從1915到16年開始成為主流。

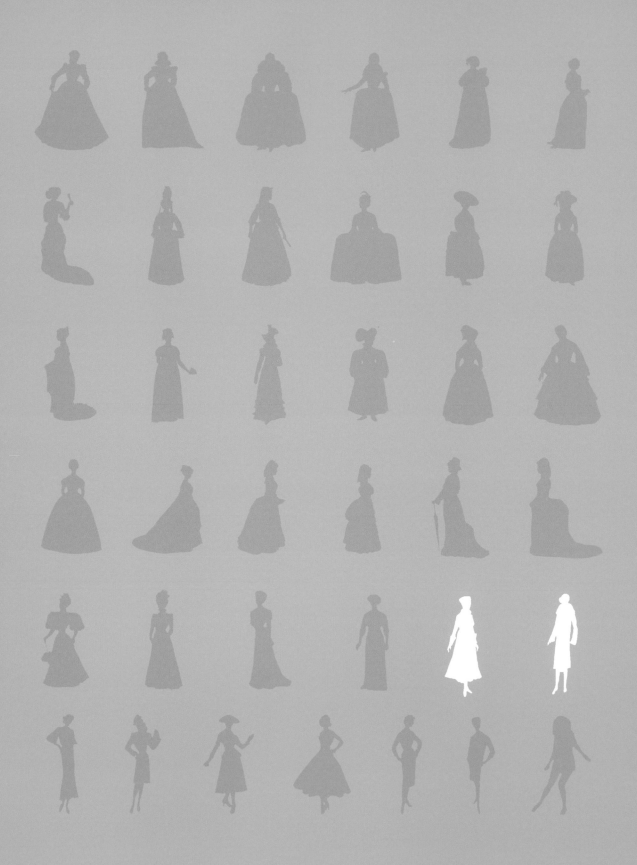

第八章

1918–1929

一次大戰結束時，套裝已經成為女性日用常服。四年戰爭期間，報章雜誌都會報導對於時尚風向的預測，看裙子是要變得更寬還是更窄；這是女性很關心的課題，且其發展很高程度無可避免地受到戰時物資配給所影響。《每日郵報》（*Daily Mail*）在1917年8月就說：「時髦女性因為……巴黎報紙今天發出的一項聲明而感到心驚膽戰，說由於政府對毛織布料實施限制，今後裙子將變得更窄更短。」[1] 報導中說到每件衣服最多只能使用四碼三十二吋長布料（寬度為一又三分之一碼）的規定，並安慰讀者說這個量「足以供中等身材的法國女性使用」。試想戰爭期間流行的多重層疊設計與較硬挺的風格，這種要求節制的風潮會出現也就並不為奇。經歷霍布裙這種限制性高、不方便活動的時尚風格之後，寬裙被視為較舒適也較實際的衣著選項，但還是會搭配從大約1910年以來就持續受歡迎的稍高的腰線。

話說回來，在一個量入為出、節衣縮食的戰爭時代，新時尚普及的速度不可能很快。1918年的某一期《時尚》（*Vogue*）雜誌就說：「戰爭的代價……對於物資與勞力的高度壓榨，這些都反映在我們衣服的價格上。」但它也發現事情並非只有黑暗的一面，「因為窄身輪廓重新流行……衣物價格飛漲的速度得到緩解……比起上一季的服裝，這季衣服只需要一半多的衣料。」[2] 戰爭初期的大寬裙到了戰事尾聲自然不會再出現在流行設計上，但在一次大戰末年，我們確實可以看到衣物體積稍稍回增的情形。右頁這張1919年年輕夫婦合影呈現當時大部分女性的真實生活樣貌，照片中妻子所穿的洋裝帶有強烈一次大戰戰前流行風格的氣息，例如高腰、雙扣、裹身式前襟（wraparound）都是那個年代受歡迎的設計，二者主要差別在於照片裡長度僅及腳踝上方的裙子以及水手領，這兩者在戰爭剛結束後這段時期都很常見。此處特別是裙襬長度值得注意，這顯示這件裙子大概是為了配合時尚風潮而經過修改。

接下來的十年有個名號，來自當時流行的低腰中性女裝風格，這種風格因為與「飛來波女郎」（flapper girl）和美國禁酒令時代地下酒吧密不可分的關係而更是家喻戶曉。伊夫林・沃（Evelyn Waugh）[3] 在《夢斷白莊》（*Brideshead Revisited*）裡描述典型飛來波女郎的體態是「平胸，細腿……長手長腳長脖子，身體沒曲線，像蜘蛛一樣」，這種女孩確實出沒在西方世界各個舞廳、俱樂部、酒吧或甚至大戶人家小客廳裡，但大部分女性日常服裝都是這類風格的弱化版本。[4] 大眾對流行的認知是一回事，但當時社會各個階層仍保有嚴謹的道德規範，1920年代許多女性穿的都是長度較長、式樣較單調、把高級時尚形象加以嚴肅化之後的衣服。

短裙、裸臂、剪得短短的頭髮加上頭盔般的鐘形帽（cloche），這些都彰顯著性解放、言論解放，以及對生活有更多期待的時代風氣。遭受過一次大戰的創傷之後，人們不知道這種樂觀究竟適不適當，或是我們的態度應該更審慎一點。某些女裝設計師的作品反映這種遲疑心情，珍·浪凡（Jeanne Lanvin）[5]和雅各·杜賽為年長世代設計出「特色女袍」（robe de style）或「繪畫女裝」（picture dress），使用時尚的低腰設計，但結合寬大披垂的裙子和更傳統的女性化剪裁，穿著時底下常會襯著18世紀的帕尼爾式裙子，做出髖部加寬的輪廓，這種做法在晚禮服上尤其常見。年長的顧客喜愛這種新舊交融的設計，這也讓較成熟的女性能自在享受低腰新時尚其中某些她們較能接受的部分。雖然人們多把特色女袍視為1920年代代表服飾之一，但整個1930年代都還能見到它的身影，只是形式與裝飾做法出現一些改變以配合當下流行。大都會美術館收藏的薇歐奈夫人（Madame Vionnet）[6]在1939年所繪的一份設計特別能看出特色女袍的影響，這份設計圖畫的是輕盈的雪紡長裙蓋在帕尼爾式裙子上，上半身採用掛頸露肩領（halter neck）以及低調裝飾。1934年一篇文章說當時的特色女袍讓穿著者覺得「自己打扮成了老祖母的小花馬布偶……有的人天生就不適合歌劇院首席名伶那種衣服，他們自己也知道」。不過，只要「摻上一點點浪漫氣息」，《密爾瓦基哨報》（*The Milwaukee Sentinel*）的時尚專欄對於較低調的繪畫女裝可是讚不絕口，這種衣服裙襬雖向外開展，但整體比較纖細合身。「這個，」文章作者如此描述其中一件繪畫女裝，「是能恰如其分襯托纖弱女性美的特色女袍。」[7]包括這篇文章在內的許多證據，在在呈現男孩般的體態輪廓並非當時所有女性追求的理想，但同時也顯示這種輪廓的影響力在進入下一個十年之後並未徹底消失。時尚中的「浪漫主義」依然推崇長而膨的裙子以及古典魅力，很多不同樣式的特色女袍似乎都在迎合這種需求。

高級時尚的世界裡，東方美學在一次大戰前曾經讓保羅·普瓦烈等人心醉神迷，而它在1920年代又帶來一場新的藝術風潮：裝飾風藝術（Art Deco）。裝飾風藝術的主旨與它之前的新藝術運動（Art Nouveau）相同，它們不再重視歷史影響，較以抽象為審美理想。「國際裝飾藝術及現代工藝博覽會」又稱「1925年巴黎大展」（The 1925 Paris Exhibition），不僅高度推動裝飾風藝術的傳播，也出了很大的力讓它能成為一個清楚的藝術流派。同時，身為主辦都市的巴黎也藉此在一次大戰後延續自己「時尚之都」的地位；來自全球的參展者與訪客都將法國視為這場裝飾風新浪潮的中心點。裝飾風藝術（或稱「現代風格」）對所有裝飾性工藝都有極大影響，而若說到服裝與紡織，則法國就是精神原則與物質產品的中央產地。像薇歐奈夫人這樣的女裝設計師愈來愈有影

響力與創新性，將現有的「異域風情」要素（例如日本摺紙或中國文字）與當代最前衛藝術風氣（如立體主義、未來主義，以及其他各種早期的抽象主義型態）所提倡的形式與設計結合起來。新古典主義也依舊有一席之地，因為古希臘羅馬的幾何造型設計可被立體派藝術家在作品中輕易加以重新詮釋。

最早的高級時尚沙龍出現於19世紀中葉，這種地方只服務少數貴賓，裡面幾乎不會售賣成衣（pret-a-porter）。20世紀迎來大改變，可可・香奈兒（Coco Chanel, 1883-1971）等設計師直接從他們的沙龍賣出成衣，同時也使競爭加劇。香奈兒製作的衣服種類很適合這種新的商業模式，它們遠比之前的衣服要更簡單、更便宜，也更適合戰後愈來愈步入職場且過著獨立生活的女性穿著。她大膽開始使用平針織布料（之前幾乎完全只用於男裝，特別是男用內衣），這神來之筆使得女裝變得便捷舒適，也讓女用運動服更受重視。她所設計的大部分服裝都沒有繁複造型，只有簡單的筆直線條，以及不需借助束縛性內衣就能達成的古典優雅氣質。將高級設計師服飾結合現代日常生活的需求，這種能力是21世紀設計師所追求的宗旨；至於香奈兒本人的存在感與聲名也在今日世界設計師與時尚品牌處處留下痕跡，可以說是世界上第一個達到如此地位的設計師。[8]

左圖
貼花特色女袍
約1924年
「復古衣料」
美國新罕布夏

右頁圖
普瓦烈風格的晚禮服
德國
約1918到20年
私人收藏

網紗與真絲晚禮服

1918年，北卡羅萊納州歷史博物館，羅里

◆

　　這件金色絲綢與黑色網紗洋裝是特別為了晚宴場合所製。在物資短缺的戰爭期間，一件新的晚禮服對許多女性來說是不可企及的夢想。《芝加哥論壇報》在1918年5月就主張說最經濟實惠的做法是去修改既有的訪問服，原因是因為時髦的訪問服通常是以「顏色協調的平滑素緞……〔上面覆以〕網紗或蕾絲」來製成，只要加上一些小繡飾，就能稱職扮演晚禮服的角色。[9]

威廉·萊羅伊·雅各[10]，〈藍洋裝女士〉，1917年，國會圖書館圖片部。

這幅1917年的美國肖像畫描繪一名年輕仕女身穿與本頁圖例風格類似的洋裝，具有同樣的透明袖、方形領口、寬纏腰布帶，以及長及腳踝的裙子。她的鞋子是典型搭配這種洋裝的中跟鞋。

《芝加哥論壇報》的文章作者認為「裙子長度由穿著者自行決定」，他還說裙子不論長短，重點是日用與晚宴用服裝都要搭配跟鞋：「如果沒有一雙俐落的跟鞋和漂亮足踝，你這人就不值得一看。」[11]

兩條打褶黑網紗從腰帶往上延伸蓋過胸口形成肩帶，邊緣不對稱垂墜的網紗形成輕盈的「手帕形」尖角狀蓋肩袖（cap sleeve）。

到了1918年，像這種很深的圓領或方領在晚禮服上很常見，日用服裝的領口和領片則會做得比較高。

黑色天鵝絨寬腰帶在背部中央會合，打出一朵大蝴蝶結。蝴蝶結位於帝國式腰線的位置，直接連著緊身上衣背後中央繫合處。

這時期無論日用或晚宴用服飾都很流行採用帶有裝飾的外裙，下方裙襬通常會做造型。此處前後中央都有一個深尖形，扇貝狀邊緣飾以金色花繡，布料在腰部整圈打褶，兩側較短的裙襬讓髖部出現寬度。

外裙上的金色花繡很可能是機器所繡，瑞士在19世紀率先發展出這種技術並加以商業化。到了1870年代，「席夫里」（Schiffli）刺繡機已經廣泛出口到各國。從19世紀末一直到20世紀，隨著成衣業的興盛，機器刺繡也變得愈來愈常見。[12]

馬里亞諾‧福圖尼的茶會服

約1920到29年，北卡羅萊納州歷史博物館，羅里

◆

　　馬里亞諾‧福圖尼出生在西班牙，是20世紀最具影響力的設計師之一，他設計的貼身垂墜衣物讓理性服飾與美感服飾的倡導者受到莫大鼓舞。他的代表作「迪佛斯晚裝」（Delphos dress）靈感來自古希臘「袍衣」（chiton），簡約線條加上滾製打褶技術（於1909年取得專利）使其立刻成為這名設計師的標誌。本頁圖例是一件茶會服，但用的是1920年代新而解放的服裝風格；福圖尼設計的許多晚禮服也同樣大受稱賞。

威尼斯玻璃珠連接起肩膀縫線兩側，延伸進入袖子本體。這類細節是從古希臘女式長外衣（peplos）和袍衣上借鑑而來，也能為衣服增添不一樣的裝飾風情。[13]

鏡台上的少女像，青銅，西元前500到475年，巴爾的摩沃爾特斯藝術博物館。

這座少女小雕像在她的女式長外衣上披著單肩式長袍（himation），這種披風型態的衣物兩性皆可穿，一直被使用到希臘化時代。[14] 福圖尼也會借用這種設計，將其特質融入自己的作品裡。

這類茶會服的寬領口通常是用一條絲質繩帶繫起來。

這件洋裝的寬外衣式上衣與下半身分開裁製，搭配裙子穿著；不過許多例子的寬外衣是與底裙相連而形成一整件衣物。不論使用哪一種做法，福圖尼都能做出類似古希臘長外衣的體態造型，寬外衣兩側添加的手帕狀深尖角，更強化古今之間的連結。[15] 如下圖所示：

大理石「寬外衣女子像」，西元前第一世紀（希臘化時代），巴爾的摩沃爾特斯藝術博物館。

裙襬以威尼斯玻璃珠飾邊，與袖子上的相同；不僅為衣裳添上另一種顏色與質地，也能給洋裝的輕薄布料增加重量。同時，這些珠子還與福圖尼在威尼斯朱代卡島（the island of Giudecca）的產業據點有關，他的工作室與工廠都在該地。[16]

福圖尼對東方時尚很有興趣，他會使用日本風格的布料做出和服式外袍。這件洋裝的長裙襬可說與日本豪華和服「打掛」類似。近年來，福圖尼對褶襉的使用則反過來成為日本設計師三宅一生重要的靈感來源。

黑色雙縐日用洋裝

約1920到25年，斯旺‧基爾福德歷史協會，澳大利亞西澳州

━━━◆━━━

它看起來像晚禮服，實則不然；到了1920年代中期，人們已經愈來愈能接受以無袖洋裝作為日常服飾，本頁圖例可以在一天之內任何時段穿著。

....

相對較高的圓領口是日用服裝常見的設計。

腰帶上有兩排「抽紗繡」（drawn thread work），又稱「抽繡」（pulled work），做法是將布料的經紗或緯紗抽去。這種裝飾手法之所以流行，部分原因是它能取代蕾絲或繡飾，不僅能模仿兩者效果，且比兩者都便宜得多。1921年《雪梨郵報》有一篇標題為〈一件衣服七先令〉的文章，以充滿熱情的口吻說：「〔衣服上〕插入的抽紗繡是最新流行風潮，這種裝飾手法適用於各種樣式與各種場合的衣物上，這是今夏時尚特點之一。」[17]

兩肩處各有十二道反向立體單向褶，每一道都有十七公分長。

衣物腰帶由十道與肩部相似的立體單向褶構成。這個收腰的地方在穿著時會造成「類襯衫」的效果，讓寬鬆的上衣部分些微垂墜過腰。

每兩層裙布之間都襯著細緻的黑色網紗底裙。

各層裙布皆以手縫滾邊飾邊。整件衣服除了肩部立體單向褶（pintuck）以及肩膀和兩側縫線以外，其他全部都是手縫。[18]

無袖日用洋裝搭配褐色流蘇披肩（shawl），威爾斯，1920年代中期。（作者家族檔案）

日用洋裝

約1922到24年，羅里北卡羅萊納州歷史博物館

這件一件式洋裝有許多地方都符合當時流行的日用衣著風尚，特別是暗色調、筆直圓管狀剪裁，以及平翻領（flat collar）。1922年考古學家發現圖坦卡門墓，這是那個時代最驚人的大發現之一，這件衣服上的串珠繡飾或許反映此事影響。

兩肩上各有四道立體單向褶，讓上衣出現些許立體感。這類細節通常是這種簡單洋裝上唯一較合身的部分。

日用衣物使用這類寬而平的領子是實用取向，這在整個1920年代都很流行。此處寬大的翻領可供添加串珠裝飾，為洋裝前後增添風情。

素緞纏腰布帶在一側有抽褶抓束的細節，讓當時流行的低腰腰線位置更加顯眼。

在整個1920年代，一件式洋裝常是流行寵兒。依據某份美國報紙專欄所說，美國女孩「對一件式洋裝的狂熱不遜於她們祖先爭取自由權利的決心……每一季……它都還保有與上一季相同的魅力」。[19] 這位專欄作者也說，若以刺繡或以其他方式加工過的直幅作為這類洋裝的裝飾，這種做法很具吸引力，能為一件整體簡單的服裝加入不同的顏色與質地，可搶眼可低調。

許多資料來源都提出所謂一件式洋裝「適宜的」裙襬長度，數字從六到八吋不等，澳大利亞雜誌《桌邊談》（Table Talk）就說，這長度是「便於步行的長度，幾乎任何女性都合適」。[20]

洋裝前方的串珠動植物花樣只是粗略仿效古埃及聖書體文字，但這種直行書寫、兩側各有長條空白直幅的畫面安排特徵可說是以古埃及為源頭。[21]

晚會服

約1923年，雪梨動力博物館

◆

　　這件洋裝是澳大利亞著名百貨公司大衛瓊斯為顧客量身訂製，購買者是剛移民到雪梨的準新娘梅依・卡蜜兒・迪札瑙（May Camille Dezarnaulds），預備以此作為婚禮結束踏上蜜月旅程時所穿的「離開服」（going-away dress）。[22] 簡單線條與無袖剪裁呈現這個時期的典型時尚輪廓。

寬領口前方微帶弧度，後方平直；當時許多種流行的晚禮服風格都採這種設計，鮮少有開得較低的領口。

袖孔裁得極長，幾乎要低到手肘的位置；這種洋裝會搭配顏色相稱的吊帶連身襯裙（slip）穿著。

製作這件洋裝的浮花錦，花卉圖案大膽搶眼，讓1920年代早期典型簡約剪裁與線條多了一分豐富；這呈現1920年代的晚禮服未必需要大量亮粉亮片才能奪人眼目，華麗圖樣也是一種好做法。「讓浮花洋裝說自己的故事，」《昆士蘭人報》在1929年如此讚美著。[23]

深淺不同的米色與淺金色在1920年代極其受歡迎，是老少咸宜的非彩色（neutral）。《星期日泰晤士報》（Sunday Times）在1929年最末一個月指出說，這類顏色的魅力或許在於它們本身富有變化性：「有杏仁殼那樣的米色……有看起來像混了綠或藍的米色……也有像大漠白沙那樣極淺淡的米色。」這件洋裝的設計善用這種隱微卻不會使人混淆的差異性，結合「大漠白沙」和「濕潤海沙」兩種色調。[24]

兩側布料內折，往前方集中，讓線條寬鬆的洋裝變得較為貼身。內折處在髖部會合，上面搭配蝴蝶結形狀的珠飾貼花橫幅。

洋裝前方裙襬稍短，強調出兩邊打褶細節。

晚會服

約1925到29年，巴黎，斯旺・基爾福德歷史協會，澳大利亞西澳州

來自西澳州卡爾古利（Kalgoorlie）的一位女士從巴黎馬特爾街（Rue Martel）法侯商店（Th. Faroux）買下這件洋裝。[25] 這類晚裝一般不太會直接縫出清楚可見的腰部曲線，反而會去強化那時特別流行的直筒懸垂剪裁。

開得較高的V領是1920年代中葉日用與晚會用服裝都很常見的特色。從1924年年初起，一份報紙說到未來流行趨勢時就做出這樣的預測：「V字領口勝過其他所有設計，最具有使穿著者看起來變瘦的效果。」這份出版品還預言說時尚輪廓短期內大概不會改變，清瘦體態「仍然當道……只有夠瘦的人穿起現在的流行服飾才會好看」。[26]

亮片在1920年代愈來愈常被用來作為衣表裝飾，甚至還曾到了供不應求的地步，這種情況尤以法國為甚。本頁圖例上的亮片有金屬（黑色與銀色部分）和明膠（gelatin）（彩色花朵的部分）兩種材質，全憑手工一針一線縫到薄透的喬其紗（georgette）底布上。

單獨一條亮片細腰帶點出流行的低腰腰線，這可能與1920年代人們對「正確」的腰線位置始終爭議不休的情況有關。從詼諧詩句（「一時上升，又再下降／腰線的旅途徘徊徬徨。」）到報章雜誌時尚版面的評論（「裁縫師都認為關於女性理想曲線的爭論應該歇會兒了，但時尚領導者們對於腰線應該擺在哪仍然達不成共識」），女裝腰線正確位置始終是個爭議性的話題。[27]

花朵圖案點綴在自然腰線的位置與裙襬處，這一類的設計在1920年中期愈來愈受歡迎。

裙子長度在1926到27年之間變得最短，本頁圖例裙長及膝，裙襬些微往外開展，是這場曇花一現流行風潮的好例子。

除了亮片以外，管珠（bugle beads）也是能為布面增添質地變化的裝飾品。這件巴黎製的洋裝符合當時已經吹了好一陣子的女裝流行風氣，1928年一篇時尚專欄如是說：「所有時裝秀場上都看得見某種珠飾狂熱，每件衣服似乎都要披滿各種顏色形狀的珠子才能算是完成品。」[28] 較小而圓的米珠（seed bead）排成葉片的黑色輪廓，也為花瓣與花心畫出邊緣線條。

洋裝背後也是V領設計，裙襬與前側同長。

晚會服

約1928年，巴黎，蒙特婁麥科德博物館

◆

　　這件洋裝的設計師呂西安・勒隆（Lucien Lelong）是1920年代到40年代之間聲名卓著的巴黎女裝設計師，他最擅長的是在晚禮服上創造出纖瘦性感又優雅的線條。本頁圖例呈現我們熟悉的20年代低腰設計，同樣是用寬幅素緞圍繞髖部來強調腰部位置，但也稍微能看出一點人體自然腰線。

．．．

領口前方寬而圓，後方開得更低而中央下陷成為V字形。

肩帶極細，表示時人已經普遍接受女性裸露頸部、肩部與手臂。

亮眼的金線繡出淚滴形鑲鑽花樣，裝飾洋裝的胸部、髖部與大腿上部。它們不只是讓衣物變得豪華，還能強化新流行的較具曲線的女裝輪廓，強調出1930年代變得更受強調的那些女體部位。

裙子前方與兩側採用手帕狀尖角造型剪裁，布料縫製的方式讓裙身看來像是一方手帕被捏著中央提起來，邊緣與四角自然向下垂墜。這種做法到了1920年代末期變得很流行，且尖形裙襬也成為輕薄夏裝與晚會服的一般設計趨勢，下面這張攝於1920年代中晚期的德國照片可以見到這種例子：

寬腰線在背後融合成為一朵大蝴蝶結，由此向下延伸出兩條長而寬的素緞飄帶（streamer）。這件洋裝製作年代是1928年，恰好位於晚會用洋裝（尤其是裙部後方）長度開始顯著增長的轉變點，這兩條飄帶正好預示新風格的發展方向。當時某些評論者對此感到憂心，其中一人在1927年說：「跳舞……大概會受影響吧，畢竟誰有本事穿著蓋到腳踝的襯裙來跳查爾斯敦舞？」[29]

洋裝，1920年代晚期。
（凱斯廷家族檔案）

第九章

1930–1946

女用套裝與兩件式日用服裝受喜愛的程度直到1930年代依舊不衰，此時日用裙子幾乎都是長到小腿一半處，晚裝則是長及腳踝或曳地。這張年輕南非女性的照片顯示裙子從髖部到膝蓋都是貼身剪裁，照片中的例子是將膝蓋以下橫幅做成喇叭裙（kick flare），整體形成低調的A字線條。1930年代的典型時尚，當時風靡萬眾的斜裁（bias cut）設計，其出現大部分要歸功於女裝設計師瑪德琳・薇歐奈。所謂「斜裁」是將布料逆著紋理斜向剪裁來製作出貼身顯瘦的服飾，薇歐奈特地取得專利來保護這種精妙而具巧思的技術。「雙縐」布料原本通常只是襯裡或內衣材料，現在卻被用來製作洋裝，輕盈飄逸的效果搭配貼身剪裁真是賞心悅目。斜裁本身自然散發的性感與浪漫特質顯示當時審美觀念出現大幅轉變，從1920年代崇尚中性的風氣回歸較具女人味的嬌柔風格。《芝加哥週日論壇報》（Chicago Sunday Tribune）在1930年8月評論說「女人身上的花花皺皺」雖然可能會比「過去幾年」要更花錢，但它們也能讓穿著者「又變得『淑女』起來」而「使美國人感到喜悅」。[1]當時其他時尚專欄也時常出現類似評語，表示當時「想變得更具『傳統』女性之美」的心態已是時尚界主流。

為時尚而消費的行為被視為地位象徵與自我價值的肯定，這種風氣顯然是因電影中所描繪的生活方式而更受刺激。瓊・克勞馥（Joan Crawford）[2]和費雯麗（Vivien Leigh）[3]等演員那種光燦絢麗的生活受到許多人嚮往，不過她們最常被仿效的衣著一般都是扮演電影角色時所穿的戲服，而非下戲之後顯現個人喜好的衣物。話說回來，自從奧斯卡金像獎（Academy Awards）頒獎典禮在1929年首度舉行之後，明星在這類場合穿著的眩目禮服日益受到人們注意，更呈現時尚對高貴優雅的要求，以及其與大眾媒體不可分的關係。到了1930年代，大部分女性雜誌與報刊都以專門篇幅介紹銀幕巨星與他們的打扮，帶起人們對名人與時尚的雙重渴慕，正如今天普遍的情況一樣。電影與迅速崛起的影視名人極富影響力，於是1930年代的時尚關鍵人物竟是阿德里安・阿道夫・格林堡（Adrian Adolph Greenberg），人們稱他為「阿德里安」。他原本是好萊塢的重量級戲服設計師，負責葛麗泰・嘉寶（Greta Garbo）[4]和瓊・克勞馥等人在電影裡的造型；他在1941年創立自己的時尚品牌，將高級時尚與好萊塢電影戲服那種華麗與脫離現實的特質融合為一。那是個電影院迅速崛起、大紅大紫的時代，走進電影院的觀眾數量之多不僅前無古人也後無來者，阿德里安將戲服設計與時尚設計融合一氣的專業路子保證能夠成功。當時巴黎仍是裁縫製衣界之都，但阿德里安卻將美國也帶到時尚舞台的聚光燈下。[5]

如此說來，「風韻」（sophistication）或可作為這個時代的關鍵詞；優雅、成熟而有節制的風格，最基本的貼身線條一直流行到1940年代。《每日郵報》

（*Daily Mail*）的法蘭西斯・麥斯威爾—史密（Frances Maxwell-Smith）在1931年說，這是從「遍地垂萎的女人味」轉變為抬頭挺胸、冷靜自持。[6] 另一方面，1930年代中期到晚期的「風韻」也與一種輕鬆感和衣物本身的「實穿性」相輔相成，拉鍊與縲縈（rayon，又稱viscose）等易洗滌布料在此時出現並開始流行，其他像絲綢或雙縐這些料子也被改良得更加耐穿耐洗。到了1940年代，隨著大量生產的軍服工業不斷擴張，這種實用取向就更被強化，促進男女服裝飾品產業整體更有效率的生產製造。

當二次大戰逐漸逼近，女性面對穿衣問題就更需要一個安全、穩定但又具有吸引力的模式來遵循。本章後面內容會談論到，時尚的重要性在艱困的配給歲月中仍舊屹立不搖，它不僅能讓人逃離現實，也能讓人感到生活依舊有其「正常性」，兩者都是戰時人心所亟需。衣著提供人們在儉約與強烈實際需求中一條試圖維持人生雅趣的途徑，對大後方民心士氣頗有助益。戰爭也瓦解了階級之間的服裝差異，富家女性雖有滿衣櫃最流行、品質最佳的服飾配件，但沒有人能逃過配給制度與其他政府新法令的控制。

英國在1940年代早期開始採用「效用服飾」（utility clothing）標準，這是貿易委員會（Board of Trade）主席湯瑪斯・巴羅爵士（Sir Thomas Barlow）的智慧產物，目的是鼓勵服裝業者生產既時尚又實用、美觀但不必美觀到消耗物資的衣服。在諾曼・哈奈爾（Norman Hartnell）、赫迪・亞曼（Hardy Amies）、迪比・莫頓（Digby Morton）等頂級設計師的努力下，女裝得以保有最簡單的優雅，讓方肩、縮腰和喇叭裙成為戰爭期間專業幹練女性的標準服飾。這套標準最主要的一點是所有衣物都必須使用「效用」布料來製作，所謂「效用布料」的定義算是寬鬆，但基本原則就是以較低的市場價格提供品質堪用的布料。幸運的是，這項規定並未變成對鮮豔印花布料的禁令，因此它們還能被用來偶爾打破一下「效用」服飾的一成不變。總而言之，一件女裝上面不應有超過兩個口袋、五顆扣子、六條裙部縫線、兩道倒褶襉（inverted pleats）或箱形褶襉或四道刀狀褶襉。人們可以在衣服刺上最多一百六十吋長的繡飾針腳，但衣物上不得有太多布面裝飾[7]，最流行也最經濟的手法之一是在胸口或腰部做出褶襞。話說回來，政府雖然雷厲風行，但英國人還是花了一些時間才將自己生活水準壓低到「嚴格的戰時經濟等級」，如《紐約時報》在1942年所云。[8]

美國的軍工生產委員會（War Production Board）於1942年發布「L-85號條例」，內容類似英國的法案，限制使用大量布料的華麗風格，以及特定顏色與種類的布料，尤其是天然纖維的布料。[9] 英國婦女狂熱擁抱「能用則用」（make do and mend）原則的故事人盡皆知，同時美國也開始吹起「精省用布」（save scraps）之風，盡可能將現有衣物保存下來。《芝加哥週日論壇報》在1942年10月大力稱頌英國這套制度之美，說英國女性在將就修補的精神下「更懂得打扮，選擇衣服時都如同專家一般細心」。該篇文章作者希望美國的類似風氣能讓人們願意繼續穿著較有女人味的服飾，而非當時處處可見的寬褲。「英國婦女還沒像這兒某些人那樣想把自己降格到穿寬褲的地步，鄉間很多人穿寬褲，也有人居家時會穿著，都是為了保暖和其他實用原因，但這種衣服進不了城，因為穿著它拋頭露臉是種土裡土氣且缺乏愛國精神的行為。」[10] 所以說，如果一名女性在穿著打扮上是「用心」的，那洋裝（或是襯衫搭配裙子）就是必需品。

本章有兩件洋裝呈現1940年代同樣流行於澳洲的回收再利用精神。一位新娘做了兩件麻質日用洋裝預備蜜月旅行使用，在她猝逝之後這些衣物從未被人使用過，但仍在西澳州歷史學會的保存下維持良好狀況。人們不是只會為了特殊場合才自己動手做衣服，政府也曉得這種事情得成為人民日常生活的一部分；因此，在整個1940年代，顧問團與二手衣鋪的發展非常受到重視。《聽眾週刊》（*The Listener*）在1943年3月刊登一篇文章，裡面建議新成立的「公共福利婦女會」（Women's Group on Public Welfare）應常在倫敦舉行集會，設立服裝顧問中心，「告訴你拆解舊衣來製作新衣的最佳方法」。[11] 這類團體盡心盡力教導裁縫基礎從低到高的各種女性，而雖然它們的課程廣告都是以社會或教育為訴求，但背後傳達的訊息卻能一覽無遺，那就是奢侈浮華必須讓道給嚴整樸素，這類文章與廣告常建議讀者把「宴會服裝」拆掉製成平實的日用衣物。另一方面，正如喬安娜‧卻斯（Joanna Chase）在1941年的《儉約縫紉術》（*Sew and Save*）中所說，「每個女人都想穿得好」，這點許多評論者也深諳於心。卻斯這本讀者甚眾的書結合實用與現實，讓女性知道自己不必犧牲時髦與優雅來配合物資配給的限制；為了達到這個目的，她推薦人人都應購入一套製作精良、能以多種方式搭配的套裝，且所有女性都該考慮從舊衣鋪買進二手衣，「這樣你不只能省錢，」她充滿熱情地說，「你在這兒買的衣服，無論風格或手工都會比同等價格的成衣要好。」[12]

晚宴／晚會套裝

約1935年，蒙特婁麥科德博物館

◆

　　諾曼・哈奈爾這件正式套裝包括洋裝與皮草鑲邊的夾克，呈現1930年代時髦女郎華貴魅力之最。海軍藍是很流行的晚禮服色調，常見於著名設計師的作品中。圖中可看到一條單串珍珠項鍊與單繫帶高跟鞋，這件晚禮服穿著時就應做如此搭配。

1930年代晚禮服很流行前後兩側都是深V領口的造型。

這件洋裝是由海軍藍天鵝絨製成，時人認為天鵝絨很適合作為晚禮服布料，特別是給年長女性使用。澳大利亞報紙《邊疆礦工報》在1936年6月如是說：「白髮女性身著天鵝絨洋裝，若又搭配皮草，特別能顯示出一種仁慈又高貴的氣質。」[13]

澳大利亞一份報紙在1931年刊登一篇文章討論電影明星卡洛・林白（Carole Lombard）[14] 的某件服裝，文中提到類似本頁圖例的洋裝裙部不規則裙襬和曳地處：「說到全部以天鵝絨裁成的服裝，這件衣服可當正式的晚禮服或晚宴服，裙子從腰部整個開展，垂落為曳地的不規則裙襬。」[15]

到了1930年代早期，當時流行用來搭配晚禮服的是鑲皮草邊的短夾克或很受歡迎的「披風」式外套。本頁圖例這種長的輥領（roll collar）很常見，圖中這類夾克大概都會以素緞作為內裡。合成纖維逐漸占領市場，這代表皮草作為財富與地位象徵的效果大不如前；不過真皮草仍是珍貴飾品，這在窘迫拮据的戰時歲月裡更是如此。

長及腳踝的裙襬呈現人們對於晚禮服的新認知，這時的晚裝比日用洋裝長度長很多，有時還會像這個例子一般帶有小型裙裾（某些設計會讓裙裾是可拆的，但此處裙裾與外衣本體是一體）。設計師諾曼・哈奈爾頭一個開始利用人們這種新認知，成為以奢華長禮服作品而聞名的設計師，將當時回歸傳統女性之美的訴求呈現到極致。[16]

晚禮服

約1935到45年，雪梨動力博物館

◆

顧長線條從那時開始就成為晚禮服必備特質，這件外衣正是徹底表現此事的絕佳例子。E・M・德拉菲爾（E. M. Delafield）[17]的《鄉間夫人日記》（*Diary of a Provincial Lady*）出版於1930年，書中女主角驚恐地說：「我在倫敦根本沒東西可穿。我讀《每日鏡報》（*The Daily Mirror*）看到上面說所有晚禮服都是長衣……我所有的衣服都沒蓋過腿的一半。」[18]

....

肩墊造成寬而方正的視覺效果，直到1940年代仍繼續流行。

飄逸的蓋肩袖製造流動感，與整件衣服縲縈素緞的光澤流溢效果相應。

這件衣服的縲縈素緞有如液態黃金，乍看之下讓人以為是更脆弱的金絲織品（lamé，一種加入金屬絲線織成的布料），展現1930年代中期到晚期對金屬光澤布料的狂熱愛好；由於這類布料作為電影戲服時在銀幕上呈現的燦動流光效果令人目眩神迷，因此很常被用來製作晚禮服。某份報紙的時尚專欄是這麼說的：「拋開你的自制，選擇看似捶打過的硬質金屬的布料，金、銀、黃銅、青銅其中一種，你就會化作一道耀眼光芒。」專欄作者也知道許多讀者會購買縲縈來取代絲綢或素緞，並評論說：「縲縈這種典型的現代產物，在織紋、觸感和顏色上都有其獨特個性，有……無窮變化可能。」[19]

此處的翻領（turn down collar）與襯衫正面非常類似，為這件晚禮服摻入男式女上衣的要素。襯衫式連衣裙（shirtwaist dress）在1930年代變得很受歡迎，作為日用服裝頗具實用性，本身其實就是一件長而合身的長衫，有領子袖子與前扣設計。這種風格起初較少被使用在晚禮服上，不過當女演員席薇亞・西尼（Sylvia Sidney）[20]在1934年以這種造型亮相之後，這種晚禮服的流行程度確實因此上升。

腰帶中央以火光玻璃（glass paste）取代半寶石，因為這條腰帶使洋裝看起來像是單件襯衫與裙子的兩件式搭配。

製作技術純熟的斜裁裙貼合穿著者臀部與大腿。斜裁工藝主要是由女裝設計師瑪德琳・薇歐奈在20世紀初提倡起來，要點是截過織紋裁剪布料，讓它垂墜時出現斜向角度而非筆直往下。這種製造出細瘦輪廓的貼身剪裁在1930年代成為時髦的代名詞。

這種貼身斜裁晚禮服要搭配高跟低裁（low-cut）踝帶鞋。

珍・浪凡的晚禮服

1941年，北卡羅萊納州歷史博物館，羅里

◆

格蕾夫人（Madame Grès）[21] 等設計師讓帶有古希臘風情的晚禮服開始流行，使用各種褶襉絲綢與縐綢布料來做出頎長飄柔的線條。這件珍・浪凡設計的舞會服吸收這種影響，用法國絲綢與萊茵石（rhine-stone）裝飾，做出優雅而富女人味的輪廓。

....

袖子剪裁時多用布料，讓背後出現雅致的垂墜效果。

肩部是圓柱狀線條的垂墜設計，前方布料看似是抓起來用萊茵石胸針固定，讓這件洋裝如同古典希臘羅馬寬鬆風格的複製品；但它主要仿效的是雷頓男爵（Lord Leighton）[22] 等19世紀藝術家重新詮釋過的古希臘羅馬印象，這些藝術作品會繼續影響20世紀設計師賦予古典洋裝的新模樣。

這件外衣腰線低，裙子從髖部向外開展，類似1930年代晚期以降許多晚禮服的設計特徵。1945年，一篇時尚專欄說到這種輪廓的優點，認為「強調髖部能讓腰部看來更細。」[23]

雷頓男爵佛雷德里克（Lord Leighton），〈人物習作〉（細部），約1870到90年，華盛頓特區國家藝廊。

這件洋裝外觀看來輕鬆簡單，但內部結構其實十分複雜，裡面必須穿著襯褲、胸罩、束腰內衣和吊帶連身襯裙來撐出整件衣服的曲線。

一排排細粒方形萊茵石點綴著上身每一道褶襉邊緣。萊茵石的材料是玻璃或人造聚合物，這種裝飾手法從1930年代以來開始盛行，被用來取代天然寶石。萊茵石（在歐洲通常被稱為火光鑽〔paste〕或水鑽〔diamante〕）背後都有金銀塗層，穿著者動作時衣服上的萊茵石玻璃就會反射光線而閃閃發亮。[24] 萊茵石進一步的用途可見於低胸露肩領基部的兩只葉狀胸針，強調出袖子的位置。

1945年3月，身受古希臘風格影響的紐約設計師艾塔夫人（Madame Eta）說她最新一組設計中帶有一項重要實用元素：「這是設計上新萌芽的發展，以古希臘部分花樣與簡單飄逸線條為基礎，不但能襯托現代女性體態，又能節約布料以配合戰時限制。」[25] 當我們審視戰爭期間出現的任何時裝風格，都必須同時考量這些問題；此處浪凡的設計也可看到類似的簡約訴求，同時具備美感與實用價值。

水色麻質日用洋裝

1940年代早期，斯旺・基爾福德歷史協會，澳大利亞西澳州

◆

　　這件洋裝是在戰爭早期由一位非常苗條的準新娘製作以備自用，要在婚後蜜月期間穿著。悲哀的是，她還沒來得及過上婚姻生活就已過世，因此這件洋裝後來始終保持未被穿過的嶄新狀況。[26] 它的保存情況對後世而言可謂天賜，因為它是呈現那個時期流行體態、線條和顏色的極佳範例。

肩部稍有抓束，讓袖子變成方形，達到那個時期所崇尚的古典方正輪廓。

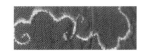

領口、袖口和裙子上都裝飾著白色手繡渦卷花紋。

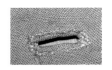

洋裝在背部中央以九個手縫扣眼與白色電木（bakelite）鈕扣扣合。

本身布做的寬腰帶強調出穿著者的纖纖柳腰。

方形口袋常見於日用洋裝和外套上，此處雖然沒有做出真的可使用的口袋，但假口袋的形狀能與上半身寬而方的肩膀線條和筆直袖管相映，讓整件衣服上下平衡。

這位準新娘為這件洋裝挑選的柔和水色正是當時最流行的顏色。媒體報導說當時「取法自然的淺色粉彩色調」正受到推廣，《每日郵報》還解釋說某些顏色是專家精挑細選「使人忘戰忘憂的滋補藥」。這些顏色有個貼切的稱號為：「補藥色」，範圍從「豔陽晴天的開朗藍色」到「海濱的柔米色」。[27] 此處這種輕柔的水色色調被英國色彩評議會（British Colour Council）正式起了個引人遐思的名字「蛋白石綠」（Opaline Green），該會為各種顏色所訂定的名稱通行於工業界和政府機構。[28]

裙襬長度會剛好位在膝蓋或膝蓋下方一點點。

骨色麻質日用洋裝

1940年代早期，斯旺・基爾福德歷史協會，澳大利亞西澳州

◆

　　這件洋裝與前頁水色麻質洋裝是由同一位準新娘親手縫製並繡花，採公主式線條設計，預備蜜月假期使用。它能代表1940年代流行的標準女性體態與審美觀，特別是心形領口（sweetheart neckline）和加了墊肩的寬肩膀。

....

這種領口看起來像愛心符號的頂部輪廓，所以叫做「心形領」。左右兩道弧線描繪女性胸部輪廓。人們無法確定這種造型究竟起源於何時何地，但它在1940年代最為盛行，且流行到20世紀下半葉。現在它常被用在正式無肩低胸洋裝上頭，尤其常見於新娘禮服的設計。

深弧狀扇貝造型袖口呼應領口形狀。

公主式線條由八片裁出形狀的布料組合構成，四片在前四片在後。

這位準新娘很可能使用市面上賣的裁縫紙型來做這件洋裝，當時澳大利亞人從報紙上的推廣文章與廣告能獲得不少這類資源，某些出版刊物還為讀者提供「每日紙型」。這些東西都能通過郵購取得，某些報紙雜誌還附有完整做法說明與成品圖像。

手繡花葉高踞於上衣肩部，乍看像是別了胸針。這種為衣物增添姿采的方法經濟實惠，因此很受歡迎，是戰爭期間時尚生產與時尚消費趨勢的一例。在整個1940年代，刺繡轉印圖樣的取得不是難事，報紙推廣文章就能提供方便的購買途徑。1943年9月，雪梨一份刊物廣告說：「加點刺繡……用羊毛線、棉線或蠶絲線繡出雛菊繡（lazy-daisy stitch）和單針繡（single stitch）的花叢，可讓開胸短上衣、夾克或洋裝煥然一新。」[2]只要花一先令三便士，就能買到十二朵花花樣的刺繡轉印圖樣，附上建議使用的針法和配色。這類做法包讓人人都能自己動手裝飾衣物，在細緻程度與複雜程度有低有高的花樣之間挑選適合者。

圖中新娘胸花別在開襟短夾克上，可說是真正的「花叢」。（約1945到48年）

第十章

1947–1959

右頁圖
「新風貌」的變化形
約1947到49年
作者家族檔案

　　1947年是時尚史的關鍵時刻，迪奧的「新風貌」（New Look）從這一年開始呼求女性拋棄她們枯燥無聊的戰時衣物，擁抱更具姿采的穿著打扮；但儘管如此，對大部分人來說，真實情況並非如此樂觀。英國雖擊敗法西斯政權贏得勝利，但社會情況從1945年以降一直動盪不安；配給制度還要持續實施九年，這表示出於實際需求的「能用則用」態度依舊是政府施政方針。

　　相反地，戰爭結束塵埃落定之後，法國立刻出現經濟榮景。該國下定決心要重新登上世界女裝設計的王座，克里斯汀‧迪奧（Christian Dior）等設計師因此認為自己理當滿懷希望。為此，迪奧創造出一條重而大且又奢華的裙子，來表達對眼前情況的樂觀展望；裙子外搭夾克，內搭的上衣強調收腰、柔和肩線與舊日那種自然而然散發的女性魅力。這種風格是1950年代流行風潮的前導，席捲全歐洲人們的想像世界，就連英國都出現低調化的仿效作品。右頁圖片由一名街頭攝影師攝於1940年代晚期的倫敦，內有一名女性身穿較含蓄的「新風貌」變化形，長及腳踝的褶裙配上裹身式開襟外套和簡單宮廷鞋（court shoes）；這就是迪奧最經典的「束腰豐臀套裝」（Bar suit），在這個經濟拮据的時代裡配合現實而被改造成圖中模樣，同時顯示外在艱困環境並不損害時尚在女性心中的重要性。迪奧的創作對於大眾想像所造成的衝擊可見於1948年1月一名女性的投書：「女人們聊天時，『新線條』似乎比民生問題、劣質煤炭或甚至天氣都重要。」[1]

　　話說回來，並非所有人都張開雙臂歡迎這一切。新流行的輪廓線條嚇到不少女性，而在美國那些最積極的反對者（至少有幾千人）還組成抗議團體，我們所知規模最大的一個叫做「膝下俱樂部」（Below the Knee Club）。這些人大力抨擊這類女裝，認為這些東西倒退回了那個衣服加諸女性重重束縛的時代，與世界其他地方的聲音合流一氣，質問迪奧為何堅持要把女人的腿遮起來。批評者的論點包括長裙的「危險性」，以及某名前模特兒的話中暗示這位設計師讀了「太多歷史小說」。許多女性嚴肅看待這事，她們認定這股風潮是對女性平權與解放趨勢的反動。男性對新流行也非樂觀其成，他們對「新風貌」的厭惡主要來自經濟考量，倘若他們的妻子選擇擁護這種穿衣風格，他們就得花大錢買布料。這些男士組成的團體名為「破產丈夫聯盟」（League of Broke Husbands），成員一度多達三萬人。[2]

　　裙子爭議仍在延燒，各方設計師乘機推出自己對於「新風貌」的改造版本來加以回應。本書第九章已介紹過戲服設計師轉行來的女裝設計師阿德里安，他在1947年底於紐約宣布他最新設計將以日用短裙為主角，裙襬距離地面有十四吋；《亞歷山大先鋒報與中奧塔哥報》（*Alexandra Herald and Central Otago*

Gazette）說這種設計能「讓那些不喜歡誇張新時尚的女性感到放心，阿德里安的時裝系列使她們能保持優雅流線型的穿衣風格，而不會覺得自己退流行」。阿德里安很快就把迪奧的批評者攬到自己這邊，報紙上說他「一直隱隱相信女性最佳體態就是天然體態。他說，戰時女性最美麗的時候，就是設計師配合她們生活方式來創作服裝的時候」。[3] 阿德里安在1947年做出的套裝特別符合這種風格，也確實為女性提供了另一種選擇而受到歡迎。但說到底，迪奧的「新風貌」之所以獲得最後勝利，部分原因就是它把時間拉回更早之前的過往，用塔夫綢等較硬的布料來做衣物襯裡，以此強調出纖腰與豐滿的胸部臀部。這麼做的時候，迪奧希望藉此「回歸文明之樂的理想」[4]，這是種藉由歷史來逃離現實的態度，懷舊之情洋溢。赫迪·亞曼乘此風潮做出剪裁精妙的套裝，讓女性擁有豐滿有致的柔滑曲線，使用的布料卻比迪奧或巴崙西亞加（Cristóbal Balenciaga）[5] 等人少很多。本章將介紹兩個例子，分別來自1947與1950年。

美國在二次大戰剛結束時的經濟狀況不太一樣，此時它也成為高級時尚的領導者。世界各地大眾媒體都對「新風貌」不斷加以報導，使它在美國與在歐洲各地一樣受歡迎。另一方面，部分是出於需求，該國在戰爭期間也成功贊助本國設計師出頭成名（尤其是在休閒服與運動服這個領域），法國女裝設計師在1940年代末尾捲土重來，但也未能改變美國的優勢。的確，美國似乎更能為「一般女性」提供更多衣著選項，知道並非所有人都適合（包括體格與感受兩方面）法國時尚女裝所要求的審美風格。人們對成衣的接受度更高，這項趨勢在美國還受到標準化尺寸制（standardized sizing system）的幫助，而讓所有人都更容易把最新流行穿在身上。除此之外，戰爭的結束並未使紙型和家庭裁縫的風尚有所消減，女性能利用商業紙型加以調整來配合自己的喜好，憑雙手做出日用、晚會用和雞尾酒會洋裝，以及各種上衣、裙子和睡衣。

第二次世界大戰起了一定作用，讓時尚設計的國際性影響力更加顯明，這種情況一直持續到1950與60年代。這個時期的歐洲報紙與時尚雜誌經常提到美國，英國《星期日泰晤士報》在1952年4月6日這一期稱讚說：「巴黎年輕設計師于貝爾·德·紀梵希（Hubert de Givenchy）……是時尚界又一個受到美國影響的例子。」文章作者接著說到紀梵希才華橫溢的設計作品「單件衣物……明顯是配合美式品味所設計……〔但〕不只是美國人，所有人都對這些衣服愛不釋手」。[6]「單件衣物」是從美國引進歐洲的穿衣新概念，讓女性從衣櫃裡挑選各種不同上衣與裙子來自由搭配，造就新鮮而獨特的模樣。這種概念並非當時原創，我們在第七章已經介紹過，19世紀的人就能訂做購買單件上衣，分別與不同下身搭配來變化成日用或晚宴用服裝。進入20世紀之後直到此時，也

對於那些還在適應戰後生活的女性來說，
她們需要的一直都是較保守、較具女性美的洋裝。
約1956年
英格蘭
作者家族檔案

有其他設計師在推廣單件衣物組合的方便性，但紀梵希對此的重視讓人們更接受這種穿衣方式，開始認為搭在一起的上衣與裙子完全不必具有類似設計或互補性，也就是說不必讓整體看起來像是一套完整的「洋裝」。新概念強調的是個別性，而不是要維持傳統將洋裝視為單一一件衣物的態度。這裡還有一個關鍵，那就是說晚宴服的範圍與變化性可以大幅擴張，依照場合的正式程度做出各種調整。

女用套裝受歡迎之勢持續上升，它在整個二次大戰期間都是個受歡迎而富實用價值的選項，是英國貿易委員會（Board of Trade）與其「效用服飾」計畫的寵兒。愈來愈多女性積極進入職場，套裝因此一直頗有市場，市面上也出現各式各樣風格多變的產品。發行於奧勒岡州的《快報》（Bulletin）在1948年說到北美洲各大百貨公司裡所出售各種風格的套裝，有「喇叭形套裝，通常搭配貼身短夾克……男式晚禮服套裝有長而細的翻邊」，還有「臀墊套裝……燕尾套裝會搭配下襬裁短的典雅夾克」和「受年輕人喜愛的芭蕾女伶套裝」。[7] 本章分析的兩個套裝例子都呈現當時設計的多樣化與女性所擁有的選擇之多，且它們雖帶著高級女裝標籤，但衣物輪廓卻也都展現戰時切合實際量入為出之下的巧思。

用一層層網布和上漿襯裙撐起來的寬大裙子、甜心領口、吹整完美的髮型，這是一般人對1950年代女性的刻板印象，但這並不能代表那十年間充滿變化性的時裝風格。雖然迪奧的「沙漏型線條」（hourglass）持續流行，也主導了大多數人對於衣著風格的選擇，但細瘦的鉛筆裙和緊身短洋裝（sheath dress）也獲得人們同樣的歡迎，兩種不同女裝風格在1950年代並存共榮。瑪麗蓮・夢露（Marilyn Monroe）在《願嫁金龜婿》（How to Marry a Millionaire, 1953）和《王子與舞女》（The Prince and the Showgirl, 1957）兩部片中將緊身洋裝穿成她的著名造型，效果極佳；「黑色小禮服」（little black dress）這個詞現在還在使用，通常指的就是緊身洋裝。伊夫・聖羅蘭（Yves Saint Laurent，在迪奧過世後隔年接手其品牌）在1958年帶來新的設計風格「梯形線條」（Trapeze）。[8] 這種服裝外觀形狀有點像一個梯形，展現又一種不同的審美態度；衣服肩部剪裁狹窄，下方往外開展，形成寬鬆而幾乎像是建築物模樣的視覺效果，與收腰的輪廓與隨風飄逸大蓬裙簡直有天壤之別。包括梯形線條在內，類似的不合身風格衣物被泛稱為「寬洋裝」，這類服裝緊接著巴黎西亞加的「布袋裝」（sack dress）之後出現，改變後的時尚風潮在1960年代經由瑪莉・官（Mary Quant）的改良而成為那個年代最基本的流行標誌。

赫迪・亞曼的套裝

1947年，蒙特婁麥科德博物館

◆

　　這套外衣雖然注重實用性，但從它上面也可看見較柔和、較具斜度的線條，與戰時流行那有稜有角的僵硬線條已經不同。這樣的設計依舊將配給制的社會經濟實情考慮在內，加入一些需要耗費更多布料的小細節，例如此處所見的三角形寬翻領與造型口袋。

....

肩線依舊明顯寬大，但線條有比較柔化，且開始出現斜度。

這件夾克的深弧線剪裁反映迪奧「新風貌」的收腰做法；在此同時，兩側厚口袋也在髖部做出形狀、增加寬度，類似迪奧著名造型中臀部墊高的部分。

這類套裝常被用來當作正式場合服裝，連新人都會在婚禮上這樣穿；這表示傳統結婚禮服不再是摩登新娘的唯一選擇。下圖攝自1946年11月，照片裡一名戰後英國新娘身穿套裝，剪裁線條遠比亞曼的套裝簡單，但審美觀念是一樣的。

大型而有設計感的翻領是這件夾克特色之一，呈現亞曼對於口袋與領口誇張設計的特殊喜好。

雙排扣夾克的優點之一是它能修飾並拉長身材，無論穿著者是男是女；此處的夾克很明顯有這種效果。夾克背後樸實無華，只有兩條從肩部延伸到下襬的縫線，讓這件衣服出現貼身線條。

袖子剪裁貼合手臂形狀，袖口處十分合身且無裝飾。

這件纖細的鉛筆裙長度比前六年流行的類似例子要稍長一些，底端到達膝下。裙子前後都素淨無裝飾，只有左側有一處不高不低的開衩。

人物像，約1946到47年。（作者家族檔案）

赫迪・亞曼的日用套裝

約1950年，蒙特婁麥科德博物館

◆

　　「洋裝」過去曾是女性唯一能穿的日用衣物，而那個時代已經愈來愈遠，正如本頁圖例這類套裝的受歡迎程度所示。這件套裝是由英國精紡羊毛料所製，這種布料常用來製作高品質的訂製服裝。

肩膀線條更傾斜，1940年代的方正角度已逐漸消失。

「效用服飾」的日用套裝常是單排扣設計，這件戰後早期套裝的例子仍延續這股趨勢。當時衣物仍受到配給制度限制，這件套裝所用的布料總量大過前頁例子，因此某些地方得要「節流」才能讓這套衣服不會超出預算。

到了1950年，女用夾克翻領一般變得較小、較圓且較窄，位置較高而緊貼頸部。事實上，像本頁這種例子與1940年代早期「效用服飾」的WAAF制服外衣的風格極其類似，可以互相對照。

兩塊多層刀狀褶為這件裙子增添趣味，更關鍵的是它們能強調裙子的膨大感，這在一個布料供應短缺的時代非常重要。這種設計也烘托出亞曼個人的審美觀，以及他在同一件衣物上排列組合各種打褶方式的實驗熱情。[9]

澳大利亞婦女輔助空軍部隊（WAAF）軍服，1943到45年（細部），新南威爾斯伊凡斯・赫德生活歷史學會。

討論這些制服各種優缺點的文章通常都對一事大力讚揚，如其中一篇所說：「WAAF制服比起平民服飾要先進太多，因此而被保留下來；戰後套裝剪裁都是以它的裙子、襯衫與緊身短上衣（tunic）紙型為本。」[10]

結婚禮服

1952年，雪梨動力博物館

◆

雪梨社交名媛貝蒂·麥肯納尼（Betty McInerney）於1952年5月31日結婚，這件是特別為她製作的結婚禮服。設計師貝瑞兒·詹特（Beril Jents）[11] 是知名女裝設計師，顧客包括伊莉莎白·泰勒（Elizabeth Taylor）[12] 和瑪歌·芳婷夫人（Dame Margot Fonteyn）[13] 等世界巨星。

貝蒂·麥肯納尼的洋裝是設計師作品，也是1950年代早期高級時尚的絕佳範例。話說回來，這件衣服並不代表戰後大多數新娘的穿著；這張1950年的照片呈現較為平實的結婚禮服設計，以1940年代晚期的新娘裝束為本，如寬斗篷領、淺V形腰線，以及附頭紗的耳罩式頭飾。（作者家族檔案）

上衣原本是長袖，後來被新娘拆下來，讓這件衣服能當作晚禮服使用。[15]

上衣沿著胸部形狀打褶貼合，兩側都有數條骨架來支撐。

1950年代早期很流行在正式服裝上做出可拆式的外裙，更便宜、更易取得的新娘禮服通常會有可拆式的裙裾，只要拆卸下來就能讓婚紗變成一件纖細流線造型的晚禮服，可供婚禮之後使用。昆士蘭一份報紙在1953年6月談到類似設計：「長的可拆式……裙裾，在腰部前方以扣子固定，整個做出扇貝狀並以打褶的絲網眼紗飾邊。」[16]

開滿花朵的腰部飾裙往下延伸出數層雪紡而構成裙裾，由底下透明硬紗與塔夫綢襯裙和長條硬裡襯來撐出形狀。雪紡是橫斷布紋裁剪，讓裙子能平滑向外展開。[17]

腰部飾裙上點綴著手工製作的真絲素緞玫瑰花，據設計師說它們「太重了，我們得用扭曲金屬線和雪紡做一個半月形支架才能支撐重量」。[14] 硬質襯裙在1950年代重現江湖，有時被稱作「硬裡襯」；這件洋裝結構之複雜，以及它與所需要用來維持造型的大量額外布料，幾乎像是回到了19世紀。

綠羅緞洋裝

約1952年，史賓斯堡時尚博物館與檔案館，賓夕法尼亞州史賓斯堡

◆

依據博物館檔案，這件洋裝原本的主人從賓夕法尼亞州威爾克斯—巴里（Wilkes-Barre）的「德瑞伊特利亞」（Dress-eteria，這個字本意是指讓顧客自助的成衣商店）這家店買下它，而它很可能是「設計師最新作品的直接仿品」。它結合當時幾項典型特徵，做出1950年代早期流行的造型。[18]

....

寬而長的領片，朝胸口方向逐漸變尖，讓人能注意到穿著者的細腰，以及與裙襬同寬的肩寬。

多爾門袖與上衣一體剪裁，只有底部看得見一條縫線。袖管長而貼合手臂，長度到手腕上方，袖口反折。

像這類早期外袍風格的服裝，其裙子通常膨大且向外展開。此處布料在自然腰線處緊密打褶向下垂墜，不過低腰設計在1950年代早期也很常見。

這件洋裝用重磅羅緞製成，羅緞質料堅固，很適合製作外套。這一點再加上其他細節，例如前開排扣、腰帶和寬領片，讓人能夠了解為何「大衣式洋裝」（coat dress）或「外出服」這類標籤有時會用在這類衣物上頭。「長得像大衣的一件式洋裝……功用與套裝完全相同」，以華盛頓為基地的《發言人評論報》在1953年如是說，「穿著走在街上看來一樣雅觀，用在正式午餐會也不失禮。」[20] 更重要的是，它「讓人從套裝從頭穿到尾的生活中徹底解放出來，也為那些覺得自己穿洋裝比穿套裝更好看的女士提供時尚解答」。同年另一份報刊則說大衣式洋裝「既是前開男式女上衣，也是一件真正的春季輕薄大衣……品質最佳的這類衣物看起來確實就像大衣，能搭在夏季印花連身裙外面……當你需要的時候，就能把它當成大衣來穿」。[21]

這種服裝還有一個賣點，就是它是人們負擔得起且實用的時尚。《雪梨晨鋒報》在1952年7月報導說：「大衣式洋裝是1952年最重要、最優美的時尚之一，而它的價格又如此低廉，此事何其美好……它能在一天之內不分日夜任何時候穿著……一件紐約設計的只要九鎊十九先令六便士。」[22] 1952年，美國堪薩斯州一間商店的廣告列了一件標價五十九·九五美金的「黑色羅緞大衣式洋裝」，因「感恩節前清倉活動」而降價到三十八美金。[23]

這類宮廷鞋既優雅且頗受歡迎，整個1950年代都流行穿著剪裁講究的洋裝或套裝時要搭配合襯的手套、手提包、鞋子和帽子。[19]

夏季日用洋裝

1954年，斯旺・基爾福德歷史協會，澳大利亞西澳州

◆

這件連衣裙有著複雜的花卉圖案設計，灰色背景襯著暗紅玫瑰與白梅花。[24] 洋裝沒有襯裡，材質是非常輕盈的尼龍布，完美配合西澳大利亞的炎熱夏季。這件洋裝很可能是家庭自製，用的大概是購買來的現成紙型。

....

袖子是由單一一片四方形布料縫成，其中一端構成領口頂部部分。

打褶寬橫幅嵌在袖子所形成的領口下方幾吋處，形成有趣的階梯狀造型。成排褶襉也呼應裙襬的打褶設計，讓一件衣服上的不同元素出現一體感。

洋裝側面以金屬拉鍊開闔，拉鍊藏在布料蓋條下面。

裙子相對較短（剛好蓋過膝蓋），裙身抓成極窄密的褶襉，讓這種薄而涼爽的布料能變得較膨，也與胸前打褶細節相映襯。

腰線位於人體自然位置，配合呈現當時女性極力追求的沙漏形曲線。

裙子的膨感是由皺褶襯裙撐起來；襯裙用絲網眼紗、羊馬毛混紡布料（crinoline）、麻紗（cambric），或是如crintex這類新出現的合成材料來加強硬度。1952年一份報紙對crintex的定義如下：「羊馬毛混紡布加上稱作masslinn的這種不織材料加以層壓製成。」[25]

日用洋裝

約1954年，斯旺・基爾福德歷史協會，澳大利亞西澳州

◆

　　這件輕盈的夏季花卉圖案連衣裙依照當時流行的一種風格與形狀製成，形式接近芭蕾舞伶裙長的裙子，膨度中庸，加上1950年代一直常見的極短袖。

交叉領口向下開到腰部。

這件洋裝是用淡藍色圖樣的「起泡尼龍」（bubble nylon）製成，這種新發明在1950年代早期是頗新奇的玩意兒。大眾媒體常討論尼龍整體優點，某一篇報紙文章（內容講述起泡尼龍和其他布料「抗皺」〔uncrushable〕能力），列出這種新科技織品的許多好處：「尼龍……再次站到聚光燈下，如今許多在珀斯新現身的衣物上頭都能看到這種材料。尼龍布服裝……不起皺，快乾，不必熨燙甚至也不必整理……這種質料極軟極有女人味，能形成柔和線條，就算做出大量抓束褶襉也不會因此變得鼓脹。」[26] 上述特點從這件洋裝構造上的幾個關鍵素質就能看出來。

洋裝原主與朋友合照，澳大利亞珀斯，1950年代中期。

上衣抓褶連接大約八・五吋寬的腰部嵌片，下方本身布製的腰帶可拆。

短蓋肩袖與上衣一體剪裁，採「馬札爾式」（Magyar）設計，長度剛好僅能蓋住肩膀與上臂最頂端。

這類花卉印花圖案在夏季洋裝上很常見，當時某份出版物就說它「富有輕鬆的優美感，而不會看起來雜亂或誇張。」[27]

巴崙西亞加的晚禮服與夾克

1954年，巴黎，雪梨動力博物館

◆

　　西班牙設計師克里斯托巴・巴崙西亞加的圓弧氣球形輪廓（還能加上可拆的氣球形袖子），造就出既戲劇化又完美無瑕的線條。這種風格也是乘著新科技所給的方便，洋裝背後以金屬拉鍊閉合，拉鍊藏在絲質邊條下面。

這件衣物穿著時會搭配宮廷鞋以及附有面紗的寬而扁的帽子。

七分袖又稱「手鐲袖」（bracelet length sleeve），與夾克一體剪裁形成多爾門袖的形式。前襟採裹身式造型，兩邊交叉並在腰部綁結。[28]

巴崙西亞加愛用濃重的暗色系，如黑色與深藍色。本頁圖例從上到下的單一色調很能呈現他的審美觀與設計理念。

為了做出應有的膨度，裙子下面應該會墊著數層網布襯裙。

裙子抓束於腰部，裙襬處又做出抓束，形成並強化裙身氣球狀的視覺效果，這是整件衣服設計的大重點。這件洋裝原本在裙襬處有絲質皺褶，後來被拆掉。

裹身式夾克底下的洋裝上衣部分有骨架而無肩帶，線條緊貼軀幹，褶襉安排方式是這位設計師最著名的類似建築物形式的風格。[29]無肩帶設計與下圖中的細肩帶設計一樣，在當時變得愈來愈受歡迎，1950年一份出版品聲稱「近來倫敦季中時裝系列最引人注意的部分，莫過於訪問服、晚禮服和海灘服裝上盛行的無肩帶時尚」。不過，說完這個例子後，這篇文章接著就要安撫讀者：「大部分模特兒都會外搭設計相仿或具對比性的開襟短外套或中式外套（coolie style）等小夾克，讓無肩帶服裝成為任何人都能穿在身上的單品。」[30]

丹尼斯・巴南[31]，〈凱絲琳・瑪嘉烈・拉德曼像〉，1954年。（波爾蘭家族檔案）

第十一章

1960–1970

1960年代時裝的一個關鍵字就是「年輕」，一場革命正在醞釀之中，新的時尚逐漸成形，訴求對象針對那些在兒童時期和長大成人之間徬徨無措的青少年。1950年代之前，年輕孩子的穿著與兒童並無二致；以女孩子為例，直到大約十五或十六歲才會獲得她的第一件「大人」衣物。到了此時，既然其他生活領域的商業活動（特別是流行音樂）都開始專門以青少年為客群來從事生產，成衣產業自然也要把握商機，於是人類社會史上頭一遭開始生產販售青少年服飾。年輕人時尚產業著實開始蓬勃發展的新前景，在披頭四（Beatles）首度主演的電影《一夜狂歡》（*A Hard Day's Night*, 1964）中呈現得淋漓盡致。電影其中一幕，樂團成員喬治‧哈里森在一間繁忙攝影棚裡等待排練，偶遇某部青少年電視節目的製作團隊成員，那人誤以為哈里森是新聘工作人員，於是要他說說「你對某些青少年服飾的看法」。哈里森從命，被帶去看了幾件上衣，對他所見大為反感：「我死都不會穿這些東西，爛斃了。」導演回答：「是啊是啊……但你們會想要的就是這種嘛！」哈里森把節目公司聘雇的專業「時尚顧問」批評得體無完膚之後揚長而去，留下導演和助手面面相覷：「你說這人會不會是顆新星……是早早指出新方向的線索？」[1]這種衝突以及衝突背後的選擇是很新的現象，但對於那些在1960年代從青春期進入成人期的女性來說，這些選擇代表的是一種前所未見的自由。

時尚品牌也受到影響，設計師發現他們創作作品時必得先考量「街頭」風格的變化，才能在時裝界引領風尚。「街頭流行」（street fashion）一詞出現，指的就是由時髦年輕男女所發展出來的衣著風格，這種流行風格常見於都市鬧區，讓最新時尚的普及程度遠超過以前。獨立精品店如「姥姥進城」（Granny Takes a Trip）和最有名的「瑪莉官集市」（Mary Quant's Bazaar）刺激其他各種「摩登」商店紛紛現身，包括「塞爾弗里奇小姐」（Miss Selfridge）、「佛爾與塔芬」（Foale and Tuffin）等。許多精品店都喜歡開在「搖擺倫敦」（Swinging London）的中心點「卡納比街」（Carnaby Street），此地是充滿活力的年輕時尚發育的搖籃。說到女裝，洋裝發展史上一個最重要的轉變就是迷你裙的出現。人們大多說是瑪莉‧官和安德烈‧庫雷熱（André Courrèges）[2]創造了迷你裙，不過迷你裙的真實起源比這要模糊得多；其發展反映改變中的性別意識與大眾對女體的認知。瑪莉‧官說過，她做迷你裙只是在回應需求：「切爾西（Chelsea）[3]女孩個個有雙美腿……如果我不把衣服做短一點，她們自己就會把它弄得更短。」[4]就這方面來說，瑪莉‧官是直接吸收街頭流行的影響，並以此為據製作她的作品。在此同時，身處高級時尚世界的聖羅蘭也認知到街頭流行是指出未來流行風向的重要指標，因此將其元素加入自己的設計中。[5]隨著時

尚逐漸遠離傳統菁英主義，走向新的大眾文化，女性受到習俗慣例的束縛程度也愈來愈少。年輕女性所受影響尤其巨大，她們能藉由選擇不同衣著來表現不同文化態度，甚至是對性的態度，而自我表達的一個關鍵手段就是在洋裝上做實驗。在這個時代，本國以外的世界充滿是非難辨的衝突，國內性解放風氣日益高漲，人們對性別角色的認知也變得模糊有彈性，於是服裝就成為每個人呈現自己政治、社會與性別立場最醒目的標誌。

大多數女性衣櫥主要內容仍是洋裝與裙子。到了1960年代晚期，褲子已經不再被所有人視為古怪，而成為另一種新選擇與新變化。《每日郵報》在1960年甚至說褲子「正在取代裙子成為魅力王者」，文章作者說他想要「反駁任何說褲子缺乏女人味的男性，因為女人穿褲子就是為了讓自己看來更誘人」。[6]這不是說社會整體突然都認為女人穿褲子天經地義，一直到1967年，聖羅蘭的「菸裝」（Le Smoking）晚禮服所引發的反應還能看出當時大眾對此普遍具有反感；但1960年代確實可被視為開端，我們能看到洋裝的地位一點一點漸漸轉變，變成像今日這樣諸多女裝形式中的一種而已。洋裝仍常是女性衣櫥裡最好的那一件衣服，是「會打扮」的代名詞，也是某些場合應有的衣著，這種態度至今依然。當青少年流行的影響力節節升高，它最大的成就就是推動褲裝發展趨勢，第181頁這張照片呈現一名十五歲左右的希臘女孩身穿時髦衣著；她下身是一件白色卡布里褲，褲裝名稱來自發明者義大利設計師艾米里歐・蒲其（Emilio Pucci）[7]愛去的度假地點。這類照片提供珍貴資料，讓後人知道當時這類服裝愈來愈融入女性日常生活的趨勢。

話說回來，在整個1950與1960年代裡，「女性時尚」這個概念很高程度仍與各種裙裝密不可分，不論是單件裙子或是連身洋裝。裙裝是職業婦女職場必備，要等到1980年代長褲套裝才變成常見的上班裝束。迷你裙洋裝是1960年代的流行主力，但物極必反的趨勢就在1966年以超長洋裝（maxi dress）的模樣登場；這種裙長及地的衣物通常是用花卉圖案的布料裁製，以蕾絲飾邊，附有長而膨的袖子和過肩式上衣（yoked bodice），在人們心中喚起浪漫魔法般的圖像，而洛拉・艾希黎（Laura Ashley）[8]這些設計師在英國也成為超長洋裝的同義詞。除此之外，在這極柔極美之風重新吹起之時，1960年代卻也見到「男女通用」（unisex）這個詞的出現，且被使用在男女皆可穿著的服裝上。縱然兩性衣物設計一直以來都不斷向對方借鑑，但歷史上從未出現專門製造兩性皆可穿的衣服。

黑素緞晚禮服

約1963到65年，史賓斯堡時尚博物館與檔案館，賓夕法尼亞州史賓斯堡

—◆—

　　這件緊身晚禮服讓人想起奧黛莉·赫本（Audrey Hepburn）那種別致的優雅風範，延續1940與1950年代常見的臀墊式視覺效果。巴崙西亞加與維克多·斯提貝爾（Victor Stiebel）[9] 等設計師使用垂幔、泡起、褶襇等手法來重現19世紀富有女人味的女裝曲線。然而，據這件洋裝所有者的丈夫所說，他妻子其實很少穿這衣服，因為臀墊設計讓穿著者坐下時極不舒適，特別是在晚間宴會往返車程中。[10] 這件洋裝購自馬里蘭州黑格斯敦的時裝商人凱蒂·奧康諾（Katy O'Connell）處；依據《黑格斯敦每日郵報》（Hagerstown's Daily Mail）的內容，凱蒂·奧康諾本人就是當地知名人物，也有在做時裝設計的工作，還主持節目《凱蒂是非題》（Katy's Dos and Don'ts）、舉辦公開演說，提供地方婦女關於時尚的建議。[11]

....

寬翻領領口延伸到背後形成深V形，此處可見到拉鍊。

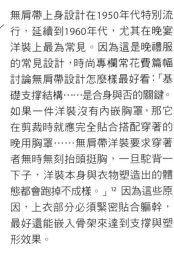

垂幔臀墊造型處結合蝴蝶結裝飾，這種做法不僅增添趣味也頗時尚，能強調出這種風格的曲線。這朵蝴蝶結位置剛好在腰線下方，以撳扣固定，留出裝拉鍊的空間。

臀墊蝴蝶結下方飄垂著黑布橫幅，形成短裙裾。

無肩帶上身設計在1950年代特別流行，延續到1960年代，尤其在晚宴洋裝上最為常見。因為這是晚禮服的常見設計，時尚專欄常花費篇幅討論無肩帶設計怎麼樣最好看：「基礎支撐結構……是合身與否的關鍵。如果一件洋裝沒有內嵌胸罩，那它在剪裁時就應完全貼合搭配穿著的晚用胸罩……無肩帶洋裝要求穿著者無時無刻抬頭挺胸，一旦駝背一下子，洋裝本身與衣物塑造出的體態都會跑掉不成樣。」[12] 因為這些原因，上衣部分必須緊密貼合軀幹，最好還能嵌入骨架來達到支撐與塑形效果。

及地長裙是緊貼大腿的狹窄剪裁，讓臀墊成為這件洋裝注目焦點。整個1960年代，時尚作家都說到「緊身」晚禮服重登舞台一事，有的還引用1920、30和40年代的風尚來做比較：「晚會上，『有型』的女孩就得讓人想起1930年代彈著手指的苗條妖精，前胸後背都要露出大片肌膚。」[13] 另一個人則說當前的設計擁有「1940年代全部的魅力，化作1969年的最新版本」。[14] 麗泰·海華斯[15] 在《巧婦姬黛》（Gilda, 1946）中穿的那件性感黑色晚禮服，從這裡的細節中也能感受到類似韻味。

庫雷熱的大衣與迷你裙洋裝

1965年，英格蘭；雪梨動力博物館

◆

　　安德烈・庫雷熱的「太空時代」（Space Age）系列發表於1964年春季，將有稜有角的線條以及純白純銀的搭配帶到時尚界。這整套成衣搭配都符合「太空時代」系列的美學觀點，同時反映庫雷熱設計理念的另一個關鍵部分，那就是為摩登年輕女性創造她們買得起的商業化時尚選擇。

大衣底下是一件亮黃色羊毛洋裝，立領周環繞著寬大過肩。這種讓人聯想到女童服飾的設計美學，在1960年代後期愈來愈流行。[18]

洋裝與大衣的縫線處都車有數道明線（topstitch），有助於強調出衣物簡潔的直線剪裁。

白皮帶的材質是乙烯樹脂，這是聚氯乙烯（polyvinyl chloride，即PVC）產品的一種。這種光亮亮又耐用的材料竟然是在實驗室裡做出來的東西，讓它多了一種極富現代感的「未來主義」魅力，也能完美融入庫雷熱和皮爾・卡登（Pierre Cardin）[16] 這些持著太空時代審美理念的設計師作品中。

皮帶環的形狀與假口袋袋蓋、皮帶扣，以及大衣翻領的樣子相呼應。1960年代很多種設計風格都大量使用柔和的弧狀邊緣，包括家具、家飾品和衣服。

「條形下襬」（banded hemline）是庫雷熱「太空時代」美學的特點，做法通常是將另外做好的一條布料縫在裙襬上，某些例子用的是與衣物本體對比的顏色，包括「太空時代」最愛的銀色。[17]

這件A字裙在髖部合身，往下一直到裙襬逐漸向外開展（這個例子的開展程度很隱微）。

這雙平底亮面靴類似庫雷熱在他1964年設計系列中主打的鞋款，靈感來自太空人身上的太空裝。

晚禮服

1965到70年斯旺‧基爾福德歷史協會，澳大利亞西澳州

◆

1960年代不是只有迷你裙，這件醒目的萊姆綠（lime green）波卡圓點晚禮服就是1960年代中期典型的長裙設計風格，這種長度的裙子會在1960年代晚期再度流行，一直到進入1970年代。這件聚酯纖維與縲縈洋裝是購自雪梨哈貝服飾店（Habe Garments）。[19]

五顆鈕扣裝飾上衣前方，以裙部相同布料包覆。這件洋裝穿脫時真正用的是背後拉鍊。[20]

這對袖子肘部收緊，往下呈圓形開展。這種造型在整個1960年代都可見到，甚至延續到1970年代。手肘處一條窄長淺黃色緞帶更強化這種風格。

1960年代流行薄而透的布料，尤其只用在衣物某一部分的做法特別常見。《澳大利亞女性週報》（Australian Women's Weekly）在1965年提倡使用這類布料，同時還聲稱「印花、條紋與波卡圓點」又重新受到矚目。[21]

長及地面的A字裙是當時很時髦的晚禮服設計，在1964到65年之間被推薦為晚宴與正式場合的適切衣著。

帝國式腰線在1960年代又變得流行，一直持續到1970年代（見下圖）；此處反V字形的高腰線條是對這種腰線造型的致敬。當時人們常推薦坊間家庭裁縫製作這種風格的衣物，建議他們在一件衣服上搭配不同質地與顏色的布料。1960年代中期各種資訊都說，如果要做一件帝國式腰線的晚禮服，用對比色做上衣才是正確選擇；這也是設計師約翰‧貝茲[22]（他的品牌名稱是吉恩瓦隆〔Jean Varon〕）最愛用的手法，他是推廣帝國式腰線的功臣。

1970年代早期與中期的帝國式腰線超長洋裝，英格蘭。（作者家族檔案）

「離開服」洋裝與夾克

1966年，斯旺・基爾福德歷史協會，澳大利亞西澳州

◆

　　這件公主式線條洋裝與中式旗袍（英文又稱cheongsam，或稱「蘇絲黃洋裝」〔Suzie Wong dress〕，得名於1960年一部電影[23]）極其相似，呈現澳大利亞與鄰居亞洲國家在地緣上的接近，以及受到亞洲文化影響的程度。[24] 這種貼身剪裁的風格最早出現於1920年代的上海，最原本的做法通常是使用絲綢或素緞布料來裁製，仿效傳統中國服飾的設計，一直到1960年代都是如此。不過，本頁圖例所用的卻是淺土耳其藍麻布。

....

外套唯一扣合處是領部的鉤子和鉤眼，從這邊以下一直到衣襬都讓布料筆直垂墜，胸口兩側各有兩道省道縫褶來做出立體造型。

洋裝與外套都是立領，類似尼赫魯裝的設計。尼赫魯裝本來是男性服飾，因印度首相「博學者」賈瓦哈拉爾・尼赫魯[26]的形象而廣為西方人所知。中國的中山裝（Mao suit）也是這種設計。

領口以摁扣扣合，往下延伸出雙排原身布包裹的渦卷貼花裝飾。

胸口、腰部與髖部的省道縫褶工法做出纖細有致的公主式線條。

1960年代喜愛這種服飾風格的人說，他們特別喜歡兩側開的高衩以及這種裸露腿部方式所散發的性感氣息。本頁圖例是比較保守的例子，只有搭配用的夾克上面開了高衩。外套長度與兩側開衩造型形似南亞傳統服裝「舍瓦尼」（Sherwani），這種服飾風格類似「艾克坎」（achkan，男用及膝長衫）後來演變成西化後的「尼赫魯裝」（Nehru）。[25] 到了1960年代末期，不論是艾克坎或尼赫魯裝都成為西方人使用的衣著，且出現許多變化樣式；這股風潮的推動力量一部分是披頭四樂團在1968年的印度之行，以及當時神祕主義愈來愈流行的社會現象。

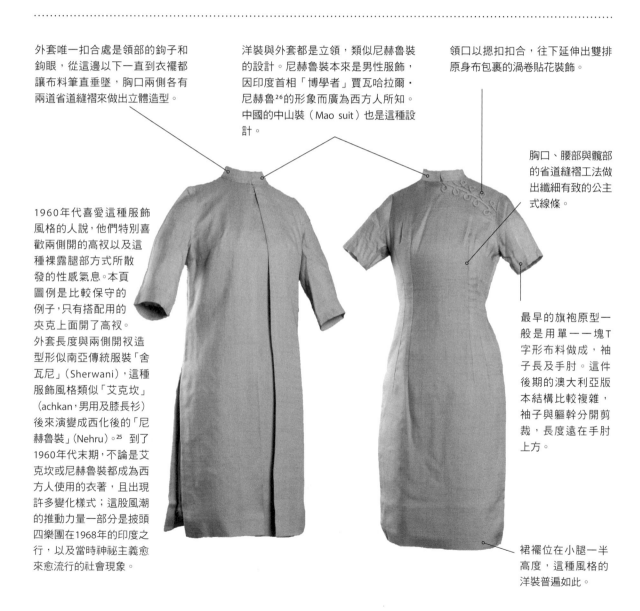

最早的旗袍原型一般是用單一一塊T字形布料做成，袖子長及手肘。這件後期的澳大利亞版本結構比較複雜，袖子與軀幹分開剪裁，長度遠在手肘上方。

裙襬位在小腿一半高度，這種風格的洋裝普遍如此。

橘色與藍綠色真絲印花洋裝

1960年代中晚期，史賓斯堡時尚博物館與檔案館，賓夕法尼亞州史賓斯堡

◆

　　這件洋裝的主人是加拿大旅館協會（Canadian Hotel Association）會長之妻，她因身分而四處旅行，出席各種場合，這件衣服是她參加協會正式午餐會的衣著，會搭配同花色的絲巾，以及淺綠色鞋子和一只手提包。這件洋裝製作者是裁縫師阿黛兒・布洛斯（Adele Bloss），售價大約一百一十美金，它的鮮豔花卉印花、低腰設計以及及膝裙長都是那個時代最典型的服裝特質。[27]

「迷幻」（psychedelic）一詞已與1960年代同義，指的是使用娛樂性藥物（recreational drug）所產生的效果，以及麥角二乙醯胺（LSD）等物質導致人知覺渙散的情形。這類感官經驗被表現在藝術與音樂中，本頁圖例這種「迷幻風格印花」（psychedelic prints）在當時也極為流行，不論使不使用這類藥物的人都對它愛不釋手。

1960年代晚期圍繞「花的力量」（flower power）所建立的視覺形象是以反戰抗議活動以及嬉皮運動[28]為中心，反主流文化之一的迷幻風潮也使用代表大自然的花卉，來作為和平的有力象徵，使用傳統花卉圖樣（整個1960年代都很流行）結合明亮的、幾乎是聯覺性（synaesthesic）的、讓人感覺像是用藥後幻覺經驗的配色與形狀組合。此處鮮明橘色背景配上螢光粉紅、土耳其藍、嬰兒藍（baby blue）、紫色、芥末黃和黑色的花瓣與莖幹，呈現的完全不是自然界可能有的花朵混生姿態，這些要素的結合象徵那個時代文化與藝術上所受到的影響。

同花色洋裝與絲巾的搭配很盛行，變化方式也多，絲巾可以圍在脖子上（如本頁圖例）也可以當成髮飾。

袖子形式是主教袖，手腕處剪裁膨大而收束成袖口。這件洋裝的袖口很長且緊，以兩顆包裹原身布的扣子扣合。

低腰設計很常見，常被時尚作者稱為「低軀幹」（dropped torso）或「降腰」（dropped waist）。美國一篇「時髦祕訣」專欄特別推薦年齡層較低的女性採用這種設計，說：「腰線降低（但絕不退潮）……降腰洋裝讓反抗成規的年輕人看來特別纖長高䠷。」[29]1920年代與「飛來波女郎」的影響在此時猶存，從低腰風格與上文評論中就能看出。

裙身前方單一一道倒褶襉增加穿著者活動空間。

紅色迷你洋裝

約1968到70年，斯旺・基爾福德歷史協會，澳大利亞西澳州

◆

　　這件洋裝購自墨爾本1960年代末期一間叫做「薰衣草」（Lavender）的商店，使用合成纖維冬季布料（winter-weight）製成。原主買它的原因是要參加大學合唱團晚宴會，從1960年代晚期到1970年代早期一直穿著它在西澳州生活。[30]

上衣胸部剪裁貼身，兩側都有省道縫褶。

到了1960年代，方領在日用服裝和晚禮服上都很常見，報章雜誌的時尚版面建議讀者日用服裝應採用較高而無領片的領口。

這件洋裝呈現《澳大利亞女性週報》上所刊載讀者對時尚趨勢的討論，女性讀者想要「長袖、方領或橢圓領」的洋裝，雜誌時尚專欄則建議她們選擇「比橢圓領更新潮」的方領、長及手腕的袖子，以及腰部稍微內收的設計。[31] 在這裡，腰線被提高到帝國式腰線的高度，由數條白色辮帶來呈現其位置。

這件洋裝上醒目的白色橫豎直條讓人想到蒙德里安（Mondrian）[32] 的畫作，也想到聖羅蘭1965年的致敬之作——著名的雞尾酒洋裝「蒙德里安洋裝」。聖羅蘭的設計原型問世之後，坊間不斷以各種方式重新詮釋這件作品，鬧區店鋪很快就生產出自家版本，供應更廣大的消費群眾。

短裙稍呈A字形，裙襬向外開展。

黃色雙縐洋裝

1960年代到1970年代早期，史賓斯堡時尚博物館與檔案館，賓夕法尼亞州史賓斯堡

◆

這件顏色鮮豔的無袖洋裝展現1960年代迷你洋裝簡單但有活力的線條，其A字裙和帝國式腰線是當時典型時尚剪裁，羽毛飾邊則為裙子添上有趣味且受歡迎的一筆。

這件洋裝使用的布料是輕量雙縐。合成材質既好穿又容易保養，在整個1960年代都是市場寵兒，適合用來表現當時服裝所要展露的青春無憂氣氛。

寬而高的船形領在背後挖成深V形，V字中央連著拉鍊，後背腰線中間還有一朵原身布材質的蝴蝶結。[33] 背後V領與蝴蝶結結合的造型在1960年代還算普遍，時尚專欄會說成年與年輕女性都適用這種設計。

胸部兩道省道縫褶做出軀幹線條，往下連接到帝國式高腰腰線處。

細柔的羽毛飾邊（以及背後一朵蝴蝶結）是整件洋裝僅有的裝飾，因此非常搶眼，將觀者視線吸引到膝上長度的裙襬處。此外，這也反映當時流行與1920年代風尚的關聯性。整個1960年代都常看到1920年代的流行元素，像是簡單無袖鞘形洋裝，或是大量使用羽毛和羽毛圍巾的現象。此處的設計還有點像是紀梵希為演員奧黛莉‧赫本所打造的造型，這些造型包括一件素面白洋裝，整件洋裝焦點在於裙襬處一圈紅色雞毛。

鑲羽毛的裙襬也被視為是從1920年代時尚得來的靈感。「你不必知道『咆哮二〇年代』（Roaring '20s）[34] 才能把飛來波洋裝、裝羽毛的裙襬、長衫與短髮攬在自己身上，這些都是1966年春季時尚的一部分。基本上每一家推出的系列……都得從20年代的影響中借用部分或全部。」[35]

名詞解釋

美感服飾（aesthetic dress，19到20世紀）：當時也稱作「藝術服飾」（artistic dress），主張崇尚自然、減少束縛，受到威廉・莫里斯（William Morris）和倫敦利柏堤百貨的設計影響，由奧斯卡・王爾德（Oscar Wilde）和他發起的「美感服飾運動」所提倡。王爾德說過：「衣服的價值……就是其中每一部分都有自己的道理。」這種服飾注重使用柔軟天鵝絨布料，依據歷史上（特別是中古時期）的例子以寬鬆抓束做出較不僵硬拘束的衣物。

圍裙式洋裝（apron dress，20世紀）：輕量棉質洋裝，上身合身，裙子稍作抓束，前方中央嵌入一片方形長直幅。直幅本身通常帶有皺褶或以蕾絲飾邊，並有裝飾性的綁帶繞過腰部打結，形成「圍裙」。

頭帶（bandeau，20世紀）：綁在額頭上的長條布料，1920年代常用來搭配晚禮服。

巴斯克（basque，17世紀）：緊身上衣下方帶有垂片的部分，功能是塑造軀幹線條，搭配裙子穿著。

牧羊女帽（bergere hat，18世紀）：大型寬簷圓帽，帽頂很淺；這種帽子是由鄉野農民的穿著演變而來，在大約1750到70年之間特別流行。

蓓沙領（bertha，19到20世紀）：寬度到肩膀外緣、圍繞領口披著的寬領布。

斜裁（bias cut，20世紀）：逆著紋路斜向裁剪布料。在人造彈性布料廣泛使用之前，這種做法能做出緊貼軀體的效果，至今仍是常用的技術。

主教袖（bishop sleeve，19世紀）：長袖，頂端緊貼手臂而逐漸向下擴大，於手腕處收束成寬袖口，流行於1840年代。

邦巴斯特（bombast，17世紀）：衣服裡面的墊子或填充物，通常由羊毛製成。

布倫瑞克式外衣（brunswick，18世紀）：非正式場合使用的七分袖夾克（裡面通常沒有骨架），搭配襯裙穿著，另一種長及地面的樣式稱為「耶穌會式外衣」（Jesuit）。

插骨（busk，17世紀）：一條長而平的鯨骨、木材或金屬，插入緊身上衣前方來增強硬度，能改善穿著者的姿態。

蝴蝶袖（butterfly sleeve，20世紀）：短而寬鬆的袖子，開口極寬大，收束於腋下。

卡拉科夾克（caraco，18世紀）：女用夾克，形式仿照洋裝上衣部分（此處專指法式女袍），搭配襯裙穿著，成為一整套兩件式服裝。衣物剪裁必須貼緊穿著者軀幹部分，常使用與襯裙相同的布料製作。

車輪式皺褶領（cartwheel ruff，16到17世紀）：約於1580年到1610年之間現身時裝界並廣受採用。車輪式是寬度最寬的皺褶領，直徑可達十八吋，穿著者必須在領子下方戴上環繞脖子的支撐用道具。

寬洋裝（chemise，20世紀）：「不合身」風格的洋裝，受到巴黎西亞加和迪奧等設計師在1950年代試圖提出的新美學的影響。這種風格直到1950年代末

期才真正受到矚目，但對之後的「60年代流行」影響極大。

高底鞋（chopines，17世紀）：木製高底鞋，鞋底墊高成為「高台」，讓穿著者避開街道上的泥濘髒汙。這種鞋由「木套鞋」（patten）演變而來，可能是早期「木鞋」（clog）形式的前身。

鐘形帽（cloche，20世紀）：貼緊頭部的圓帽，一般由毛氈製成，通常沒有帽簷，把頭髮包在裡面，樣子像是1920年代最典型的髮型「鮑伯頭」（bobbed cut）。

大衣式洋裝（coat dress，20世紀）：這種衣物衣如其名，輕量而合身，常附有腰帶與高領造型，結合實用與優雅，是新開始步入職場的女性很適合的上班服飾，到了第一次世界大戰末期開始流行。

貼頭帽（coif，16到17世紀）：布質帽子，剪裁貼合頭部形狀。

胸花（corsage，19到20世紀）：別在洋裝胸前或戴在手腕上的一組花卉組合。

束腰馬甲（corset，19世紀以降）：使用鯨骨強化硬度的內衣，包裹軀幹，將腰部往內壓縮，替穿著者塑造出適合穿上流行洋裝的身材。參見「束腹」（stays）。

雙縐（crêpe de chine，20世紀）：一種全以真絲作為經緯線的布料，擁有迷人的光澤感，在1930年代很流行。

硬裡襯（crinoline，19世紀）：這個詞本意是指馬毛做的織品，用來增加襯裙硬度。後來這個詞被用來指1850年代晚期到1860年代的鳥籠形硬質襯裙，由一條條鋼圈組成，造成穹頂般的形狀。

花緞（damask）：一種絲織品，上面有對比色調的花草動物圖案。

前墜式洋裝（drop-front dress，19世紀，又稱「前圍裙式洋裝」〔apron-front dress〕）：洋裝前方有一可拆或自由垂墜的直幅，以別針或鈕扣固定在前方肩帶上。這種固定方法能保留洋裝背部平整且不被分割。

昂格瓊（engageantes，18世紀）：皺褶假袖，搭配整個18世紀各種不同洋裝風格，其中最廣泛也最華麗的例子通常都是搭配袋背外衣（法式女袍）。

垂班德領（falling band，17世紀）：圍繞脖子的軟質領片，兩端很長，向下垂到胸口，與一般的垂襟不同。

飛來波女郎（flapper，20世紀）：藐視成規、勇於嘗試所有新的摩登事物的時髦年輕女孩，身穿眩目張狂的最新流行短裙與低胸服飾，行為舉止放浪不羈。

芳丹高頭飾（fontange，17世紀）：高聳髮型上的裝飾，由裝在金屬線架子上的蕾絲和網紗構成，在17世紀最後二十年很流行。這種頭飾又稱為「寇莫」（commode），這個詞原意是指支撐芳丹高頭飾用的金屬架子。

前幅（forepart，16世紀）：裝飾華麗的底裙，其設計是要從外裙前開口處露出來，通常是用顏色與外裙對比的布料製成。

法式裙撐（French farthingale，16到17世紀）：這種襯裙又稱為輪式或鼓式裙撐，在16世紀末造出與之前截然不同的女體曲線。構成這種裙撐的環圈從腰部往下每一個都是同樣大小，形成寬大的圓盤狀構造，讓裙身垂直墜向地面。

邊褶（furbelow，17世紀）：衣物邊緣裝飾的皺褶邊或荷葉邊。

嘉蘭結（gallants，17世紀）：點綴在上衣與裙子各處的緞帶蝴蝶結，用來美化袖口、肩膀、領口等處，到了17世紀後期還用來強調出裙部新出現的抓提與垂幔部分。

加里波底衫（Garibaldi blouse，17世紀）：原本設計目的是要搭配素面日用裙子穿著，到了19世紀女裝興起「單件衣物」風潮時成為其中一部分。這種衣服源自軍裝，落肩袖剪裁寬大，收束於手腕處，頸部採高領設計。「加里波底」這個詞也可用來個別指某種特定的夾克、上衣或袖子。

古勒裙（gaulle，18世紀，又稱「王后的寬襯衣」〔chemise à la Reine〕）：薄棉布外衣，型態仿效寬襯衣這種當時女性主要內衣的形式，腰部綁一條飾帶來收束衣物做出曲線。這類衣物現存例子上常可見到翻飛的大袖與皺褶裝飾的領口，材料都是與外衣本體相同的輕薄布料。

束腰（girdle，20世紀）：包裹軀幹下部與髖部的塑身衣物，1920與1930年代女性先是用它來塑造男孩般的體態輪廓，然後又用它塑造穿著斜裁外衣所需的苗條身材。

搖擺靴（go-go boots，20世紀）：時髦的低跟及膝長靴，搭配1960年代的迷你洋裝與迷你裙。

三角剪裁裙（gored skirt）：由三角形布料組合而成的裙子，腰部與髖部線條貼身，有修飾身材的效果。

半筒靴（half boots，19世紀）：實用取向的堅固皮靴，筒高約到小腿處，取代室內用或搭配晚禮服的精巧拖鞋。

垂袖（hanging sleeves）：外衣上打開的外袖，長度垂到手腕或地板，有時開口長緣會以緞帶繫起來。

霍布裙（hobble skirt，20世紀）：年代約為1910到14年，裙身往下變得尖細，裙襬處特別狹窄，穿著者走動時的效果像是蹣跚而行。

家居洋裝／家居外衣（house dress/coat，20世紀）：簡單棉質洋裝，做家事與購物時穿著。

印度式花布（Indienne，18世紀）：這個詞可用來指任何一種從東方輸入的印花布。

日本主義（Japonisme，19世紀）：19世紀末從英國吹到美國的一股風潮，對日本布料、繪畫、家具與室內裝潢充滿熱愛。這股風潮很高程度是應日本在1854年開放對歐通商而起。

打底長衫（kirtle，16世紀）：這個詞可指底裙，有時指的是附有上衣部分的襯裙，穿在外衣底下保暖。

姬蒂洋裝（"Kitty Foyle" dress，20世紀）：名稱源自1940年金潔·羅傑斯（Ginger Rogers）主演的同名電影（中譯《女人萬歲》），是使用深色素面布料製成的日用洋裝，搭配對比強烈的白領子，有時連袖口、鈕扣與其他細節處都使用白色。

金絲織品（lamé，20世紀）：加入金屬絲線織成的布料，常用於晚禮服。

羊腿袖（leg-of-mutton sleeves，又稱gigot sleeves，19世紀）：上臂處是極寬極膨氣球形的袖子，從手肘開始變窄。

曼圖亞式外衣（mantua，17世紀）：寬大外衣，原本是非正式衣著，身體部分分作前後兩片，這兩片皆與袖子部位一體剪裁，肩部打褶，布料垂至腰部

並以飾帶或別針固定。這種衣物後來在18世紀早期發展成袋背外衣。

迷你洋裝（mini dress，20世紀）：極短的洋裝，裙襬不及膝蓋且與膝蓋頗有距離。

摩德（mod，20世紀）：1960年代發明的詞彙，意思是「摩登」（modern）或「時髦」（in fashion），特別用於形容衣服。

寶塔袖（pagoda sleeves，19世紀）：寬大的鐘形袖，通常穿在假袖外面，有時會在縫線處局部做出開口，用裝飾性的繩子或緞帶繫起。

法式軟呢大衣（paletot，19世紀）：長而合身的夾克，穿在硬裡襯或是後來流行的臀墊外面。

框條袖（paned sleeves，16到17世紀）：由數片獨立的框條組成，穿著時框條之間會分開，露出底下華貴布料讓人看見，內外顏色常成對比。

扁裙撐（pannier，18世紀）：環圈式內裙（後來變成一對體積較小的側裙環），設計用來將外裙向外撐成四邊形。

頸巾（partlet，16世紀）：遮蓋頸部與胸部的布巾，與衣物本體分開。

火光鑽（paste，1930年代）：做得像是寶石的玻璃，用來製作珠寶，又稱水鑽或萊茵石。

木套鞋（pattens，17世紀）：類似高底鞋的鞋子（見第二章）。

陀螺裙（peg skirt，20世紀）：構造類似霍布裙，樣子像是木製晒衣夾（wooden clothes pegs），髖部寬，往下延伸到足踝逐漸變窄。

陀螺式洋裝（peg-top dress，20世紀）：由第一次世界大戰時期的服裝演變而來，這種風格多見於成年女性身上，而非1950和60年代那些引導流行的年輕人。這種洋裝髖部剪裁寬大，沿著腿部向下收縮至足踝，造成類似霍布裙的效果；也有裙長及膝的版本，是很流行的雞尾酒會禮服樣式。

細長披風（pelerine，19世紀）：長度及肩的披風，通常以有光澤的厚布料製成（例如天鵝絨），邊緣飾以皮草。

女用大氅（pelisse，19世紀）：冷天使用的高腰長夾克。

短袋背外衣（pet-en-lair，18世紀）：功用類似卡拉科夾克，風格同於法式女袍或袋背外衣，特徵是華鐸褶與七分袖。

襯裙（petticoat，16到20世紀）：整個18世紀都將裙子稱為「襯裙」，至於「裡襯裙」（under-petticoat）則是穿在裙子裡面保暖與增加體積用的衣物。進入19世紀之後，這個詞變成專指穿在裡面打底用的裙子。

皮耶洛夾克（pierrot，18世紀）：這種夾克（通常為長袖）的特徵是背後皺褶造型，使用於18世紀晚期，形式類似卡札其（casaquin，一種短而合身的夾克，背後打褶部位就是皮耶洛夾克做皺褶的地方）。

鴿袋式或鴿胸式緊身上衣（pigeon-pouter or pigeon-fronted-bodice，20世紀）：襯衫前方抓束膨起的部分，會稍微垂墜蓋過腰線，製造出20世紀初流行的「單胸」效果。

圓盒帽（pillbox hat，20世紀）：小型無簷帽，帽頂平坦而側邊垂直，是賈姬‧甘迺迪（Jackie Kennedy）的著名造型。

連身短褲（playsuit，20世紀）：類似的衣服還有稱作romper的另一種連身短褲，兩種都與美國設計師克萊兒・麥卡迪爾（Claire McCardell, 1905-58）有關，都是上下身相連的一件式短褲，是夏季可穿的非正式服裝，提供女性一種輕便、放鬆、專門在休閒時穿著的衣物。當時美國市場上已經可見各種輕鬆有趣的服飾，連身短褲是這股風潮最極致的表現。

蓬蓬裙（poodle skirt，20世紀）：1950年代源自美國的圓裙，構造簡單，後來成為1950年代的時尚標誌。蓬蓬裙通常是以毛氈製成，其英文名字直譯為「貴賓狗裙」，來自縫在靠近裙襬處的貴賓狗形狀布片。「波比短襪」（bobby-soxer）這個詞常用來指穿著蓬蓬裙搭配毛衣與短襪的女孩。

縲縈（rayon，20世紀）：用再生纖維素（regenerated cellulose）合成的人造纖維，現代常稱為「人造絲」（artificial silk）。

大襯領（rebato，17世紀）：連接在外衣或緊身上衣領口處的立領，年代約為1580年到1630年代之間，從皺褶領演變而來。

小型串珠網袋（reticule，19世紀）：小型手袋，開口處通常以束口繩拉緊，用來裝錢、鑰匙、手帕等物品。

特色女袍（robe de style，20世紀）：當時用以取代低腰飛來波風格服飾的女裝，穿著者通常是較年長、想要接受時髦又不希望穿得太輕浮的女性。

英式女袍（robe à l'anglaise，18世紀）：軀幹部分貼身剪裁、裙部長而膨的外衣，穿著時通常不使用扁裙撐，且裙部時常抓出類似波蘭式女袍的垂幔造型。這種衣服又稱英式睡袍（English bed gown）、晚袍，或是緊身禮服裙（close-bodied gown）。

賽加西亞式女袍（robe à la circassienne，18世紀）：波蘭式女袍的一種，特點是上面的飾邊與裝飾品都具東方風情。

法式女袍（robe à la française，18世紀）：一件式外衣，通常是前開式設計，搭配三角胸衣與有花樣的襯裙穿著，裡面穿著束腰馬甲以及將裙子往兩側撐開的扁裙撐。

波蘭式女袍（robe à la polonaise，18世紀）：這種外衣上衣部分採斜裁式設計，裙子分區抓提出垂幔造型，露出底下（通常是）對比色的襯裙。

轉變式女袍（robe à transformation，19世紀）：這種創新的女裝形式在19世紀變得流行，通常包含上衣與裙子部分，在日常與晚間隆重場合都能適用（一個1890年代的例子可見於第七章）。只要加上長袖，拿掉女用無袖緊身內衣或覆蓋肩頸的披巾，一件含蓄的訪問服就變成充滿魅力的晚禮服；除此之外，出於實用目的，這也表示衣物的使用期限可以拉長很多。

突厥式女袍（robe à la turque，18世紀）：設計靈感來自中東地區或所謂的「東方」時尚，通常剪裁寬鬆，可供辨認的特徵在於短外袖、腰部纏綁的多色飾帶，以及整體鮮豔富麗的配色。

圓弧袍（round gown，18世紀）：流行於18世紀晚期與19世紀初年的閉合式高腰外衣，上衣與裙子連成一體。

布袋裝（sack dress，20世紀）：克里斯托巴・巴崙西亞加首創的寬而無腰線的短洋裝。

S形曲線束腰馬甲（S-bend corset，20世紀）：又稱直身束腰馬甲，效用如其名是將女性軀幹擠壓塑造成微帶S形的模樣，把胸部向前推、臀部向後推。卡通

畫家查爾斯・丹那・吉布森（1867到1944年）創作出來的「吉布森女郎」是一種理想化的女性形象，也是促進這種衣物流行的有力廣告。

低圓領（scoop neckline，20世紀）：洋裝或單件衣物上低而寬的圓領口。

褶襞（shirring，19到20世紀）：將布料做出數道緊密的抓褶，功用是裝飾與做出立體感。

男式女上衣（shirtwaist，19世紀）：量身訂製的女用襯衫（美式用法）。

短束腹（short stays），或稱半截束腹（half stays，19世紀）：束腰馬甲或「兩片式束腹」（pair of stays）的一種，包裹支撐的部位僅及胸部與肋骨，配合當時流行讓腰部與髖部自然不受束縛的做法。這類衣物也有長度較長的種類。

開縫（slashing-dagges，16到17世紀）：將布料表面割開作為裝飾的做法，割開處布邊可做戳扎或不加花樣。

皺褶繡（smocking，16世紀以降）：類似褶襞的刺繡技術，處理過的布料區域會出現彈性，這種做法現在仍然常見於童裝上。

西班牙式裙撐（Spanish farthingale，16世紀）：由一系列圓形環圈組成的襯裙結構，髖部較窄，愈往下接近地面處愈寬，形成明顯的圓錐形。這種裙撐最早出現於15世紀末左右，在都鐸時代就被使用，之後一直到16世紀最後十年都還能見到稍微有變化的型態。

短外套式夾克（Spencer，19世紀）：長袖短夾克，其剪裁設計是用來穿在高腰上衣外面，可搭配日用或晚宴用洋裝。這種衣服得名於史賓塞伯爵（Earl Spencer, 1758-1834），此人實驗性地將外套後方的垂尾去掉，做出風格類似後來短外套式夾克的衣物。

湯匙帽（spoon bonnet，19世紀）：高帽簷的罩帽，帽簷頂端往上揚起，比之前流行的帽子式樣更能徹底展露穿戴者面容。帽簷內部通常以緞帶、花朵與蕾絲加以裝飾。

束腹（stays，16到19世紀）：有骨架的束腰馬甲，穿在外衣底下增添立體感與挺度，並將軀體塑造成當時流行的曲線輪廓。某些時代會將束腹稱為「兩片式胸衣」，這個詞也被用來指洋裝的緊身上衣部分。「束腰馬甲」這個詞要等到19世紀才成為常用詞彙。

斜疊式（surplice，19到20世紀）：交叉層疊的V字形領口。

瑞士束腰（Swiss waist，19世紀）：穿在胸部下方的有骨架衣物（與束腰馬甲不同），穿著方式是加添在日用衣物（通常是襯衫與裙子的組合）外面。

披肩（tippet，16世紀以降）：覆蓋肩膀的短披風。

梯形洋裝（trapeze dress，20世紀）：整體呈梯形的衣物，肩部剪裁較窄，往下到腰部與髖部向外展開。設計師聖羅蘭在1958年為迪奧這個品牌創作出這種風格的洋裝。

兩件式套裝（twin set，20世紀）：具幹練感的服飾，包括一件合身開襟針織上衣與一條窄管裙，通常會搭配一條珍珠項鍊。這種造型常見於整個1950年代，並流行到1960年代。

效用服飾（utility clothing，20世紀）：英國政府在戰爭時期頒布的政策，目標是節省布料使用，要求工商業界為人民製作注重實用同時兼具時尚感的服裝。美國也有類似政策，即所謂L-85號條例；美國人將效用服飾風格的套裝稱為「勝利套裝」（victory suit）。

藕節袖（virago sleeve，17世紀）：框條構成的寬大袖子，沿著手臂用帶子綁起固定，成為一節一節膨大的模樣（見第二章安東尼・凡戴克的〈執扇仕女〉一圖）。

包臀洋裝（wiggle dress，20世紀）：1950年代流行的鞘形洋裝的別稱，剪裁苗條貼身，裙襬比臀部窄，效果類似四十年前的霍布裙，讓穿著者必須以受限制的小步伐走路。

浴衣（wrapper，19世紀）：女性在家中使用的非正式服裝（所謂「家居服」），穿著時間通常是在早上。浴衣是前開設計且裡面可以不搭配束腰馬甲，因此非常不適合在公共場合穿著。

跳蚤皮草（zibellini，16世紀）：15到16世紀之間一種奢侈的飾品，可以當作披肩或是握在手上。所謂「跳蚤皮草」是松貂（pine marten）毛皮，上面通常會以黃金或寶石鑲出松貂臉部特徵。（伊莉莎白一世那份限制奢侈的禁令中提到的「黑貂皮草」指的就是跳蚤皮草。）

朱阿夫夾克（Zouave jacket，19世紀）：開胸短上衣形式的夾克，流行於1860年代，前方不扣合，兩襟下襬呈弧形，往腰部漸漸收細。

注釋

序／引言

1 Joseph B. Blackburn, d. 1787，英國肖像畫家，主要在百慕達與美洲殖民地工作。

2 荷蘭裔英國畫家，活躍於英國宮廷，1618-1680。

3 義大利時尚設計師，與香奈兒並列為兩次大戰之間最重要的時裝設計師，1890-1973。

4 Elsa Schiaparelli in Kahm, Harold S., "How to be Chic On a Small Income," *Photoplay Magazine*, Aug. 1936, p. 60.

5 Luther Hilman, Betty, *Dressing for the Culture Wars: Style and the Politics of Self-Presentation in the 1960s and 1970s*, The Board of Regents of the University of Nebraska, 2015 (eBook).

6 匈牙利籍美國演員與社交名媛，1917-2016。

7 Gabor, Zsa Zsa, "Always at Your Best," *Chicago Tribune*, Sept. 25, 1970, p. 8.

8 古羅馬詩人，作品被列為拉丁文文學經典，代表作為《變形記》，43BC-17/18AD。

9 英國流行歌手，「披頭四」合唱團一員，b.1942。

10 源自法國安茹地區的王室家族，12-15世紀統治英格蘭。

第一章

1 Fagan, Brian, *The Little Ice Age: How Climate Made History*, New York: Basic Books, 2000, p. 53.

2 Hendrick Goltzius, 1558-1617，荷蘭畫家與印刷匠，生於日耳曼地區，是巴洛克時代荷蘭地區首席雕版藝術家。

3 Aughterson, Kate, *The English Renaissance: An Anthology of Sources and Documents*, London: Routledge, 1998, pp. 164–67.

4 Ashelford, Jane, *A Visual History of Costume: The Sixteenth Century*, New York: Drama Book Publishers, 1983.

5 法國文藝復興時代重要哲學家，推廣隨筆這種文學體裁，主張以質疑求知的精神，1533-1592。

6 Cotton, Charles, *Essays of Michel Seigneur de Montaigne: The First Volume* (facsimile), London: Daniel Brown, J. Nicholson, R. Wellington,

B. Tooke, B. Barker, G. Straban, R. Smith, and G. Harris, 1711, p. 409.

7 Köhler, Carl, *A History of Costume*, New York: Dover, 1963, p. 237.

8 Wace, A.J., *English Domestic Embroidery—Elizabeth to Anne*, Vol. 17 (1933) *The Bulletin of the Needle and Bobbin Club*.

9 Latteier, Carolyn, *Breasts: The Women's Perspective on an American Obsession*, New York: Routledge, 2010, p. 32.

10 現為聖馬特奧博物館。

11 Landini, Roberta Orsi, and Niccoli, Bruna, *Moda a Firenze, 1540–1580: lo stile di Eleonora di Toledo e la sua influenza*, Oakville: David Brown Book Company, 2005, p. 21.

12 Mikhaila, Ninya, and Malcolm-Davies, Jane, *The Tudor Tailor: Reconstructing 16th-Century Dress*, London: Batsford, 2006, p. 22.

13 Titian, 1488/1490-1576，義大利畫家，16世紀威尼斯畫派最重要的人物。

14 Yarwood, Doreen, *Outline of English Costume*, London: Batsford, 1977, p. 13.

15 丹麥公主，蘇格蘭王后（後來成為英格蘭與愛爾蘭王后），英王詹姆士一世之妻，1574-1619。

16 Davenport, Millia, *The Book of Costume: Vol. I*, New York: Crown Publishers, 1948, p. 446.

17 Cumming, Valerie, Cunnington, C.W., and Cunnington, P.E., *The Dictionary of Fashion History*, Oxford: Berg, 2010, p. 88.

18 Yarwood, Doreen, *European Costume: 4000 Years of Fashion*, Paris: Larousse, 1975, p. 124.

第二章

1 位於荷蘭西部北荷蘭省的商港城市，歷史悠久。

2 英國國王，在內戰中流亡海外，後來回國復辟登基，是英國史上最受歡迎的君主之一，1630-1685。

3 英國王后，葡萄牙公主，1638-1705。

4 Waugh, Norah, *The Cut of Women's Clothes, 1600–1930*, London: Faber & Faber, 1968, p. 28.

5 Cunnington, C. Willett, and Cunnington, Phyllis, *Handbook of*

English Costume in the Seventeenth Century, London: Faber & Faber, 1972, p. 97.

6 William Dobson, 1611-1646，英國畫家，以肖像畫見長。

7 Gerard ter Borch the Younger, 1617-1681，荷蘭黃金時代著名風俗畫（genre painting）畫家。

8 英國內戰期間，議會黨領袖克倫威爾得勝之後自封的頭銜，後來傳給其子。查理二世復辟之後該頭銜遭到廢除。

9 指英國內戰期間英王查理一世與其子查理二世的支持者，後來被用來形容當時英國宮廷所流行的服裝風格。

10 新教改革者約翰‧喀爾文（John Calvin, 1509-1564）所創教派，發源於瑞士，該派信徒在衣著上力求嚴肅簡樸。

11 *The Needle's Excellency: A Travelling Exhibition by the Victoria & Albert Museum—Catalogue*, London: Crown, 1973, p. 2.

12 荷蘭風俗畫畫家，擅長描繪中產階級室內生活景象，1632-1675。

13 荷蘭風俗畫家，c.1626-1679。

14 Pepys, Samuel, and Wheatly, Benjamin (eds.), *The Diary of Samuel Pepys*, 1666, New York: George E. Croscup, 1895, p. 305.

15 Otavská, Vendulka, Ke konzervování pohřebního roucha Markéty Františky Lobkowiczové, Mikulov: Regionální muzeum v Mikulově, 2006, s. 114–20.

16 Ibid.

17 Ibid.

18 Pietsch, Johannes, "The Burial Clothes of Margaretha Franziska de Lobkowitz 1617," *Costume*, vol. 42, 2008, pp. 30–49.

19 Peter Paul Rubens, 1577-1640，法蘭德斯畫家，巴洛克畫派早期代表人物，強調動感與顏色的使用。

20 Anthony van Dyck, 1599-1641，法蘭德斯巴洛克畫家，後來成為英國宮廷畫師。

21 Randle Holme, 1627-1700，英國紋章設計家與譜系學家。

22 Cunnington, C. Willett, and Cunnington, Phyllis, *Handbook of English Costume in the Seventeenth Century*, London: Faber & Faber (proof copy), p. 97.

23 Eubank, Keith, and Tortora, Phyllis G., *Survey of Historic Costume*, New York: Fairchild, 2010, p. 261.

24 Waugh, Norah, *The Cut of Women's Clothes: 1600–1930*, London: Faber & Faber, 2011 (1968) p. 45.

25 Mikhaila, Ninya, and Malcolm-Davies, Jane, *The Tudor Tailor: Reconstructing 16th-Century Dress*, London: Batsford, 2006, p. 18

26 Powys, Marian, *Lace and Lace Making*, New York: Dover, 2002, p. 5.

27 Rothstein, Natalie, *Four Hundred Years of Fashion*, London: V&A Publications, 1984, p. 18.

28 De La Haye, Amy, and Wilson, Elizabeth, *Defining Dress: Dress as Meaning, Object and Identity*, Manchester: Manchester University Press, 1999, p. 97.

29 "Mantua [English]" (1991.6.1a,b), in *Heilbrunn Timeline of Art History*. New York: The Metropolitan Museum of Art, 2000–. http://www.metmuseum.org/toah/works-of-art/1991.6.1a,b (October 2006)

30 Cunnington, C. Willett, and Cunnington, Phyllis, *Handbook of English Costume in the Seventeenth Century*, London: Faber & Faber (proof copy), p. 181.

31 Cumming, Valerie, *A Visual History of Costume: The Seventeenth Century*, London: Batsford, 1984, pp. 102–22.

32 Cavallo, Adolph S., "The Kimberley Gown," *The Metropolitan Museum Journal*, vol. 3, 1970, pp.202–05.

33 Mademoiselle de Fontange, 1661-1681，法王路易十四的情婦。

34 Waugh, Norah, *The Cut of Women's Clothes: 1600–1930*, London: Faber & Faber, 2011 (1968) p. 111.

35 John Smith, 1652-1742，英國網線銅版（mezzotint）雕版畫家。

36 Jan van der Vaart, 1647-1721，荷蘭肖像畫家，活躍於英國。

第三章

1 Ribeiro, Aileen, *Dress in Eighteenth-Century Europe, 1715–1789*, New Haven/London: Yale University Press, 2002, p. 4.

2 Fukai, Akiko, *Fashion: The Collection of the Kyoto Costume Institute: A History from the 18th to the 20th Century*, London: Taschen, p. 78.

3 Élisabeth Vigée Le Brun, 1755-1842，法國肖像畫家，風格介於洛可可與新古典主義之間。

4 英國歷史上1811到1820年之間的時期，由於國王喬治三世精神不穩，由其子威爾斯親王（後來的喬治四世）攝政，故稱「攝政時代」（Regency）；這個詞也可指18世紀末到19世紀前期的較長時間。

5 Nunn, Joan, *Fashion in Costume, 1200–2000*, Chicago: New Amsterdam Books, 2000 (1984), p. 93.

6 Thornton, Peter, *Baroque and Rococo Silks*, London: Faber & Faber,

1965, p. 95.

7 Anderson, Karen, Deese, Martha, and Tarapor, Mahrukh, "Recent Acquisitions: A Selection, 1990–1991," *The Metropolitan Museum of Art Bulletin*, vol. 9, no. 2, Autumn 1991, p. 54.

8 Jean-Antoine Watteau, 1684-1721，法國畫家，巴洛克風格的晚期人物。

9 Waugh, Norah, *The Cut of Women's Clothes, 1600–1930*, London: Faber & Faber, 2011 (1968), p. 68.

10 Watt, James C.Y., and Wardwell, Anne E., *When Silk was Gold: Central Asian and Chinese Textiles*, New York: Metropolitan Museum of Art, 1997, p. 213.

11 Powerhouse Museum item descriptions and provenance, registration number: H7981. http://from.ph/249639

12 Schoeser, Mary, *Silk*, New Haven: Yale University Press, 2007, p. 248.

13 Waugh, Norah, *The Cut of Women's Clothes, 1600–1930*, London: Faber & Faber, 2011 (1968), p. 76.

14 Fukai, Akiko, *Fashion: The Collection of the Kyoto Costume Institute: A History from the 18th to the 20th Century*, London: Taschen, 2002, p. 78.

15 Takeda, Sharon Sadako, *Fashioning Fashion: European Dress in Detail, 1700–1915*, Los Angeles: Los Angeles County Museum of Art, 2010, p. 78.

16 Cavallo Adolph S., and Lawrence, Elizabeth N., "Sleuthing at the Seams", *The Costume Institute: The Metropolitan Museum of Art Bulletin*, vol. 30, no. 1, August/September 1971, p. 26.

17 Thomas Gainsborough, 1727-1788，英國肖像畫與風景畫家。

18 Ribeiro, Aileen, *A Visual History of Costume: The Eighteenth Century*, London: Batsford, 1983, pp.128–30.

19 Fukai, Akiko, *Fashion: The Collection of the Kyoto Costume Institute: A History from the 18th to the 20th Century*, London: Taschen, p. 83.

20 Lewandowski, Elizabeth J., *The Complete Costume Dictionary*, Plymouth: Scarecrow Press, 2011, p. 41.

21 Naik, Shailaja D., and Wilson, Jacquie, *Surface Designing of Textile Fabrics*, New Delhi: New Age International Pvt Ltd Publishers, 2006, p. 8.

22 Fukai, Akiko, *Fashion: The Collection of the Kyoto Costume Institute: A History from the 18th to the 20th Century*, London: Taschen 2002, p. 202.

23 Lewandowski, Elizabeth J., *The Complete Costume Dictionary*, Plymouth: Scarecrow Press, 2011, p. 253.

第四章

1 Georgiana, Duchess of Devonshire, 1757-1806，英國貴族與社交名媛。

2 督政府（Directory），法國大革命中的一個時期，從1795年11月到1799年10月。

3 法蘭西第一帝國（First Empire），即拿破崙稱帝的時期，1804到1814年，包括1815年的短暫復辟。

4 法國第一帝國時期時尚產業界領導人物，1763-1829。

5 Le Bourhis, Katell (ed.), *The Age of Napoleon: Costume from Revolution to Empire, 1789–1815*, New York: The Metropolitan Museum of Art/Harry N. Abrams, 1989, p. 95.

6 "Miscellany, Original and Select," *Hobart Town Gazette* (Tas.: 1825–27), April 5, 1826: 4. Web. April 16, 2015. http://nla.gov.au/nla.news-article8791181

7 Curtis, Oswald, and Norris, Herbert, *Nineteenth-Century Costume and Fashion, Vol. 6*, New York: Dover, 1998 (1933), p. 188.

8 Gilbert Stuart, 1755-1828，美國畫家，被認為是美國史上最著名的肖像畫家之一。

9 Jane Austin, 1775-1817，英國小說家，作品細膩描寫18世紀晚期英國地主階層生活。

10 Austen, Jane, *Northanger Abbey*, 1818, Cambridge: Cambridge University Press, 2013, p. 22.

11 Brooke, Iris, and Laver, James, *English Costume from the Seventeenth through the Nineteenth Centuries*, New York: Dover, 2000, p. 178.

12 Jacques-Louis David, 1748-1825，法國畫家，新古典主義奠基者。

13 McCord Museum item catalogue and provenance, M982.20.1.

14 Ibid.

15 Cumming, Valerie, Cumming, C.W., and Cunnington, P.E., *The Dictionary of Fashion History*, Oxford: Berg, 2010, p. 97.

16 Agnolo Bronzino, 1503-1572，義大利風格主義（Mannerism）畫家。

17 *La Belle Assemblée,* 英國女性雜誌，發行於1806到1837年之間。

18 Starobinski, Jean, *Revolution in Fashion: European Clothing, 1715–1815*, New York: Abbeville Press, 1989, p. 151.

19 McCord Museum item catalogue and provenance, M990.96.1.

20 Yarwood, Doreen, *Illustrated Encyclopedia of World Costume*, New York:

Dover, 1978, p. 268.

21 Nunn, Joan, *Fashion in Costume: 1200–2000*, Chicago: New Amsterdam Books, 2000, p. 121.

22 McCord Museum item catalogue and provenance, M982.20.1.

23 John Bell, 1745-1831，《美之集錦》雜誌創辦人。

24 Steele, Valerie, *Encyclopedia of Clothing and Fashion*, New York: Charles Scribner's Sons, 2005, p. 392.

25 Bradfield, Nancy, *Costume in Detail: 1730–1930*, Hawkhurst: Eric Dobby, 2007 (1968), pp. 121–35.

26 Cumming, Valerie, Cunnington, C.W., and Cunnington, P.E., *The Dictionary of Fashion History*, Oxford: Berg, 2010 (1960), p. 279.

27 Cumming, Valerie, *Exploring Costume History: 1500–1900*, London: Batsford, 1981, p. 67.

28 Powerhouse Museum item catalogue and provenance, 87/533.

29 Jacques Wilbaut, 1729-c.1816，法國畫家。

30 Byrde, Penelope, *Nineteenth Century Fashion*, London: Batsford, 1992, p. 48.

31 *La Belle Assemblée, or, Bell's Court and Fashionable Magazine—A Facsimile*, London: Whitaker, Treacher and Co., 1831, p.187.

32 Waugh, Norah, *The Cut of Women's Clothes: 1600–1930*, London: Faber & Faber, 2011 (1968), p. 149.

33 Powerhouse Museum item catalogue and provenance, A10017.

第五章

1 Raverat, Gwen, *Period Piece: A Victorian Childhood*, London: Faber & Faber, 1960, p. 260.

2 *The Workwoman's Guide by a Lady*, London: Simkin, Marshall and Co., 1840, pp. 108–112.

3 Ibid.

4 *A Hand-Book of Etiquette for Ladies, by an American Lady*, New York: Leavitt and Allen, 1847.

5 Waugh, Norah, *Corsets and Crinolines*, London: Routledge, 2015 (1954), p. 79.

6 美國婦女權利與禁酒運動的倡導者，1818-1894。

7 美國婦女權利支持者，1822-1911。

8 Bloomer, Amelia, in *The Lily*, March 1850, p. 21, quoted in Solomon, W.S., and McChesney, R.W., *Ruthless Criticsm: New Perspectives in U.S. Communication History*, Minneapolis: University of Minnesota Press, p. 74.

9 Dickens, Charles, *The Mystery of Edwin Drood*, London: Chapman & Hall, 1870, p. 177.

10 "The Dressing Room," *Godey's Lady's Book*, 1851.

11 Miller, Brandon Marie, *Dressed for the Occasion: What Americans Wore*, Minneapolis, MN: Lerner Publications, 1999, pp. 36–38.

12 義大利建國過程重要軍事領袖，1807-1882。

13 後來的英王愛德華七世，1841-1910。

14 英國時尚設計師，1825-1895，其品牌在19世紀末到20世紀初紅極一時。

15 Waugh, Norah, *Corsets and Crinolines*, London: Routledge, 2015 (1954), p. 93.

16 Bradfield, Nancy, *Costume in Detail: 1730–1930*, Hawkhurst: Eric Dobby, 1968 (2007), p. 141.

17 McCord Museum item description and provenance, M976.2.3.

18 Frederick Randolph Spencer, 1806-1875，美國肖像畫家。

19 *A Sense of Style: Shippensburg University Fashion Archives & Museum Newsletter*, no. 49, Spring 2013, pp. 4–6.

20 *The Workwoman's Guide by a Lady*, London: Simkin, Marshall and Co., 1840, pp. 108–112.

21 Watts, D.C., *Dictionary of Plant Lore*, Atlanta, GA: Elsevier, 2007, p. 2.

22 *The New Monthly Belle Assemblée: A Magazine of Literature and Fashion*, January to June 1853, London: Rogerson & Tuxford, p. 334.

23 Reeder, Jan Glier, *High Style: Masterworks from the Brooklyn Museum Costume Collection at The Metropolitan Museum of Art*, New York: The Metropolitan Museum of Art, 2010, p. 22.

24 Foster, Vanda, and Walkley, Christina, *Crinolines and Crimping Irons: Victorian Clothes: How They Were Cleaned and Cared For*, London: Peter Owen Publishers, 1978, p. 19.

25 Yarwood, Doreen, *Outline of English Costume*, London: Batsford, 1967, p. 31.

26 Museum catalogue item and provenance, Swan Guildford Historical Society.

27 Waugh, Norah, *The Cut of Women's Clothes, 1600–1930*, New York: Routledge, 2011 (1968), p. 139.

28 Powerhouse Museum item catalogue and provenance, A9659.

29 Ibid.

30 Auguste Renoir, 1841-1919，法國畫家，印象派重要人物。

31 *Marysville Daily Appeal*, no. 135, December 5, 1869, p. 1.

32 McCord Museum item catalogue and provenance, M969.1.11.1-4.

33 Condra, Jill, and Stamper, Anita A., *Clothing through American History: The Civil War through the Gilded Age, 1861–1899*, Santa Barbara: Greenwood, 2011, p. 96.

34 Waugh, Norah, *The Cut of Women's Clothes: 1600–1930*, New York: Routledge, 1968 (2011), p. 149.

35 Item catalogue and provenance, Swan Guildford Historical Society.

第六章

1 Brevik-Zender, Heidi, *Fashioning Spaces: Mode and Modernity in Late-Nineteenth Century Paris*, Toronto: University of Toronto Press, p. 10.

2 "The Ladies Column," Alexandra and Yea Standard, Gobur, Thornton and Acheron Express (Vic.: 1877- 1908), August 5, 1887: 5. Web. December 3, 2015. http://nla.gov.au/nla.news-article57170466

3 英國幽默諷刺雜誌，以其卡通插畫著名，出版於19世紀中期到20世紀晚期。

4 法國卡通畫家，在《龐趣》發表大量作品，1834-1896。

5 Haweis, Mary, *The Art of Beauty*, New York: Garland Publishing, 1883 (1978), p.120.

6 "Letters to the Editor: Various Subjects Discussed: A Lady's Views on Fashionable Costume," *New York Times*, August 8, 1877.

7 Waugh, Norah, *Corsets and Crinolines*, Oxford; Routledge, 2015, p. 83.

8 Author unnamed, "Bustles," *The Evening World* (New York), December 26, 1888, p.2. www.loc.gov.

9 James McNeill Whistler, 1834-1903，美國印象派畫家。

10 Author unnamed, "The Fashions," *The New York Tribune*, June 20, 1871, quoted in the *Sacramento Daily Union*, June 28, 1871 (California Digital Newspaper Collection, Center for Bibliographic Studies and Research, University of California, Riverside, http://cdnc.ucr.edu).

11 Author unnamed, "New York Fashions," *Sacramento Daily Union*, March 13, 1872 (California Digital Newspaper Collection, Center for Bibliographic Studies and Research, University of California, Riverside, http://cdnc.ucr.edu).

12 McCord Museum item catalogue and provenance, M971.105.6.1-3.

13 Powerhouse Museum item catalogue and provenance, A8437.

14 Author unnamed, "Fashion Notes," *Otago Witness*, Issue 1296, September 1876, p. 19. National Library of New Zealand, viewed August 26, 2014. http://paperspast.natlib.govt.nz/.

15 Powerhouse Museum item catalogue and provenance, A8437

16 George Healy, 1813-1894，美國肖像畫家。

17 Sherrow, Victoria, *Encyclopedia of Hair: A Cultural History*, London: Greenwood Press, 2006, p. 387

18 "The Ladies," *The Sydney Mail and New South Wales Advertiser* (NSW: 1871–1912), January 24, 1880: 156. Web. June 7, 2015. http://nla.gov.au/nla.news-article161877917

19 Cumming, Valerie, Cunnington, C.W., and Cunningham, P.E, *The Dictionary of Fashion History*, Oxford: Berg, 2010, p. 11.

20 Amneus, Cynthia, *A Separate Sphere: Dressmakers in Cincinnati's Golden Age, 1877–1922*, Costume Society of America Series, Cincinnati Art Museum/Texas Tech University Press, 2003, pp. 86–102.

21 "Paris Fall and Winter Fashions," *Sacramento Daily Union*, October 26, 1878, vol. 7, no. 211 (California Digital Newspaper Collection, Center for Bibliographic Studies and Research, University of California, Riverside, http://cdnc.ucr.edu).

22 *The Queen*, 1883, quoted in Buck, Anne, *Victorian Costume and Costume Accessories*, London: Herbert Jenkins, 1961, p. 72.

23 Haweis, Mary, *The Art of Beauty*, 1883, New York: Garland Publishing, 1978, p. 120.

24 Powerhouse Museum item catalogue and provenance, A8070.

25 Ibid.

26 Maynard, Margaret, *Fashioned from Penury: Dress as Cultural Practice in Colonial Australia*, Cambridge: Cambridge University Press, 1994, p. 127.

27 "Ladies' Page," *Australian Town and Country Journal* (Sydney, NSW: 1870–1907), November 4, 1882: 28. Web. June 7, 2015. http://nla.gov.au/nla.news-article70992507

28 "Ladies Column," *South Australian Weekly Chronicle* (Adelaide, SA: 1881–89), March 1, 1884: 15. Web. December 16, 2015 .http://nla.gov.au/nla.news-article93151399

29 "Feminine Fashions and Fancies," *The South Australian Advertiser* (Adelaide, SA : 1858–89), July 23, 1883: 10 Supplement: Unknown. Web. December 16, 2015. http://nla.gov.au/nla.news-article33766418

30 "The Ungraceful, Wobbling Hoops Again," *The Courier-Journal*

(Louisville, Kentucky), July 5, 1885, p. 14.

31 "The Ladies," *The Sydney Mail and New South Wales Advertiser* (NSW: 1871–12), January 15, 1881: 90. Web. December 17, 2015. http://nla.gov.au/nla.news-article161883913

32 "The Fashions," *Daily Alta California*, April 3, 1887 (California Digital Newspaper Collection, Center for Bibliographic Studies and Research, University of California, Riverside, http://cdnc.ucr.edu).

33 *Demorest*, New York, 1887 April pp. 374–377.

34 Bloomingdale Brothers, *Bloomingdale's Illustrated 1886 Catalogue: Fashions, Dry Goods and Housewares*, New York: Dover Publications, 1988, pp. 51–56.

第七章

1 Condra, Jill (ed.), *The Greenwood Encyclopedia of Clothing through World History, Vol. 3: 1801 to the Present*, Westport: Greenwood, 2008, p. 75.

2 美國插畫家,「吉布森女孩」的靈感來自其妻形象,1867-1944。

3 比利時舞台演員,1885-1971。

4 *Birmingham Daily Post*, 1899, University of Bristol Theatre Collection: HBT/TB/000022.

5 Nunn, Joan, *Fashion in Costume, 1200–2000*, Chicago: New Amsterdam Books, p. 185.

6 法國時裝設計師與藝術收藏家,作品以線條優雅著名,1853-1929。

7 西班牙時裝設計師,作品的精工褶襉被視為藝術,1871-1949。

8 英國時裝設計師,活躍於19世紀末到20世紀初,1863-1935。

9 法國時裝設計師,20世紀初時尚界最具影響力的人物,1879-1944。

10 "By Gladys: Boudoir Gossip on Frocks AND Fashions," *Observer*, vol. XI, no. 756, June 24,1893, p. 14, National Library of New Zealand, viewed December 15, 2015, http://paperspast.natlib.govt.nz/

11 "Traveling Gowns and Notions," *The New York Times*, April 16, 1893.

12 Object provenance catalogue, Swan Guildford Historical Society, WA.

13 Ibid.

14 "Spring Novelties," *Australian Town and Country Journal* (Sydney, NSW: 1870–1907), August 15, 1896: 34. Web. December 16, 2015.

http://nla.gov.au/nla.news-article71297069

15 " World of Fashion," *Bairnsdale Advertiser and Tambo and Omeo Chronicle* (Vic.: 1882–1918), January 12, 1895: 2 Edition: morning., Supplement: Supplement to the Bairnsdale Advertiser. Web. December 16, 2015. http://nla.gov.au/nla.news-article86387500

16 "Paris Gowns and Capes," *The New York Times*, March 26, 1893, p. 16.

17 Takeda, Sharon Sadako, *Fashioning Fashion: European Dress in Detail, 1700–1915*, Los Angeles: Los Angeles County Museum of Art, 2010, p. 113.

18 "Our English Letter," *The Queenslander* (Brisbane, Qld : 1866–1939), December 7, 1901: 1095. Web. June 22, 2015. http://nla.gov.au/nla.news-article21269013

19 法國時裝設計師,1856-1926。

20 指英國歷史中英王愛德華七世在位時的1901到1910年之間時期,是英國國力與財力達到極盛之後的轉變期。

21 Australian Dress Register: Wedding Dress of Mrs. Rebecca Irvine, 1905, Manning Valley Historical Society, ID: 415.

22 Ibid.

23 Nunn, Joan, *Fashion in Costume: 1200–2000*, Chicago: New Amsterdam Books, 2000, p. 184.

24 Adam, Robert, *Classical Architecture: A Complete Handbook*, New York: Harry Abrams, 1991, p. 280.

25 McCord Museum item catalogue and provenance, M984.150.34.1-2.

26 Australian Dress Register: Hilda Smith's black silk satin and lace dress, 1908–1912, Griffith Pioneer Park Museum, ID: 232.

27 "The Importance of a Sash," *The Brisbane Courier* (QLD: 1864–1933), December 27, 1911: 15 Supplement: Courier Home Circle. Web. September 3, 2015. http://nla.gov.au/nla.news-article19743295

28 日本畫家,江戶時代(1603-1867)末期浮世繪大師,1798-1861。

29 Powerhouse Museum item catalogue and provenance, 86/610.

30 *Delineator*, New York, November 1908, p. 670.

31 Powerhouse Museum item catalogue and provenance, 86/610.

32 "Fashion Notes," *Examiner* (Launceston, Tas.: 1900–54), September 9, 1911: 2 Edition: DAILY. Web. December 16, 2015. http://nla.gov.au/nla.news-article50492419

33 "A Lady's Letter from London," *The Sydney Mail*, September 3, 1898,

p. 12.

34 George Haugh, 1756-1827，英國畫家。

35 "Ladies' Column," *Bendigo Advertiser* (Vic.: 1855–1918), May 20, 1899: 7. Web. December 16, 2015. http://nla.gov.au/nla.news-article89820861

36 1900 "Dress and Fashion," *The Queenslander* (Brisbane, Qld.: 1866–1939), 7 April 7, p. 654, Supplement: The Queenslander, viewed September 2, 2014. http://nla.gov.au/nla.news-article18544394.

37 "The Autumn Girl and Her Autumn Coat," *The Chicago Tribune*, August 26, 1900, p. 55.

38 McCord Museum item catalogue and provenance, M976.35.2.1-2.

39 *Delineator*, New York, September 1911, pp. 160–169.

40 McCord Museum item catalogue and provenance, M976.35.2.1-2.

41 Ibid.

42 英國音樂家亞瑟・蘇利文（Arthur Sullivan, 1842-1900）和作家吉爾伯特（W. S. Gilbert,1836-1911）合作的輕歌劇（1885）。

43 日本浮世繪畫家，師從歌川國芳，活躍於幕末至明治前期，1839-1892。

44 De La Haye, Amy, and Mendes, Valerie, *Fashion Since 1900*, London: Thames & Hudson, 2010, p. 20.

45 "Age of Sloppy Dress," *Maryborough Chronicle, Wide Bay and Burnett Advertiser* (Qld.: 1860–1947), May 12, 1914: 5. Web. December 16, 2015. http://nla.gov.au/nla.news-article150875205

46 McCord Museum item catalogue and provenance, M983.130.3.1-3.

47 Ibid.

48 Ibid.

第八章

1 "The New Costume: Eking out the Paris Cloth Ration—From Our Own Correspondent," The Daily Mail, August 18, 1917, from the Digital Archive: Gale–Cengage Learning, The Daily Mail, 2015.

2 "Fashion: Dressing on a War Income," *Vogue*, vol. 51, no. 5, March 1, 1918, pp. 54, 55, and 126.

3 英國作家，被視為20世紀英語散文名家，1903-1966。

4 Waugh, Evelyn, *Brideshead Revisited: The Sacred and Profane Memories of Captain Charles Ryder*, London: Penguin, 1945 (1982) p. 172.

5 法國時裝與香水設計師，1867-1946。

6 法國時裝設計師，活躍於20世紀20到30年代，1876-1975。

7 Roe, Dorothy, "The Picture Frock is Back Again," *Milwaukee Sentinel*, October 14, 1934, p. 8.

8 de Montebello, Philippe, "Foreword," in Koda, Harold, and Bolton, Andrew, *Chanel: The Metropolitan Museum of Art*, New Haven: Yale University Press, 2005, p. 12.

9 Lowe, Corrine, "Fashion's Blue Book," *The Chicago Daily Tribune*, May 21, 1918, p. 14.

10 William Leroy Jacobs, 1869-1917，美國畫家。

11 Donnelly, Antoinette, "Short Skirts or Long—Heels Must Be Invulnerable," *The Chicago Sunday Tribune*, October 16, 1918, p. 2.

12 Tortora, Phyllis G., *Dress, Fashion and Technology: From Prehistory to the Present*, London: Bloomsbury, 2015, p. 136.

13 Koda, Harold, *Goddess: The Classical Mode*, New York: The Metropolitan Museum of Art, 2003, p. 219.

14 Hellenistic period，指西方歷史從亞歷山大大帝死亡（西元前323年）到羅馬帝國興起（西元前31年）這段時期，期間希臘文明影響力遍及歐洲、北非與亞洲西部等地，因此稱為「希臘化時代」。

15 "Mariano Fortuny: Evening Ensemble (1979.344.11a,b)," in Heilbrunn, *Timeline of Art History*, New York: The Metropolitan Museum of Art, 2000–. http://www.metmuseum.org/toah/works-of-art/1979.344.11a,b (December 2013)

16 Item catalogue and provenance, North Carolina Museum of History, H.1978.17.1.

17 "A Frock For Seven Shillings." *Sydney Mail* (NSW: 1912–38), November 2, 1921: 22. Web. December 17, 2015. http://nla.gov.au/nla.news-article162034166

18 Item catalogue and provenance, Swan Guildford Historical Society, WA.

19 Wells, Margery, "Gay Embroideries Sound the Season's High Note," *The Evening World*, September 25, 1923.

20 "For Australian Women," *Table Talk* (Melbourne, Vic.: 1885–1939) July 20, 1922: 4. Web. December 7, 2015. http://nla.gov.au/nla.news-article147420574

21 Dr. Jasmine Day, Curtin University, December 2015.

22 Powerhouse Museum item catalogue and provenance, 2008/8/1.

23 "Dress Decorations," *The Queenslander* (Brisbane, Qld.: 1866–

1939), November 28, 1929: 52. Web. December 17, 2015. http://nla.gov.au/nla.news-article2292174.

24 "The Vogue for Beige," *Sunday Times* (Perth, WA: 1902–54), November 10, 1929: 39 Section: First Section. Web. December 17, 2015. http://nla.gov.au/nla.news-article58366337

25 Item catalogue and provenance, Swan Guildford Historical Society, WA.

26 "Dress Hints," *Albury Banner and Wodonga Express* (NSW: 1896–1938), February 15, 1924: 15. Web. December 17, 2015. http://nla.gov.au/nla.news-article101523864

27 "The Uncertain Waist-Line," *Queensland Figaro* (Brisbane, Qld.: 1901–36), January 19, 1929: 6. Web. December 17, 2015. http://nla.gov.au/nla.news-article84904764

28 "Paris Tells Its Beads," *Truth* (Brisbane, Qld.: 1900–54), February 5, 1928: 18. Web. 17 December 17, 2015. http://nla.gov.au/nla.news-article206147705>

29 "Evening Modes," *Sunday Times* (Perth, WA: 1902–54), 6 November 6, 1927: 36. Web. December 17, 2015. http://nla.gov.au/nla.news-article60300520

第九章

1 "Feminine Garb more Romantic and Expensive: Luxury New Keynote of Fashion," *Chicago Sunday Tribune*, August 17, 1930, p. 17.

2 美國演員,活躍於1930年代之後,1905-1977。

3 英國20世紀最著名的電影與舞台劇演員之一,1913-1967。

4 瑞典籍美國演員,活躍於1920與30年代,1905-1990。

5 Polan, Brenda, and Tredre, Roger, *The Great Fashion Designers*, Oxford: Berg, 2009, p. 59.

6 "Daily Mail Atlantic Edition," July 22, 1931, "Spruce Up! Is Dame Fashion's Warning," from the Digital Archive: Gale–Cengage Learning, *The Daily Mail*, 2015.

7 De la Haye, Amy, *The Cutting Edge: 50 Years of British Fashion, 1947–1997*, London: V&A Publications, 1996, p. 16.

8 Anderson, David, "British to Add Cut in Living Standard; Dalton Says It Will Take More Than Year to Reach Strict War Economy Level," *The New York Times*, March 4, 1942.

9 McEuen, Melissa, *Making War, Making Women: Femininity and Duty on the American Home Front, 1941–1945*, Athens: University of Georgia Press, 2010, p. 138.

10 Bedwell, Bettina, "Saving Clothes Is Fashionable in England: Ration System Abroad Makes It Imperative," *Chicago Sunday Tribune*, October 11, 1942.

11 Drew, Ruth, "The Housewife in War Time." *Listener* [London, England], March 11, 1943: 314. *The Listener Historical Archive 1929–1991*. Web. May 26, 2014.

12 Chase, Joanna, *Sew and Save*, Glasgow: The Literary Press, 1941—HarperPress, 2009, pp. 1–2.

13 "Winter Evening Wear." *Barrier Miner* (Broken Hill, NSW: 1888–1954), June 4, 1936: 5. Web. December 17, 2015. http://nla.gov.au/nla.news-article47910634

14 美國演員,在1930年代以喜劇角色成名,1908-1942。

15 "Black Velvet Gown," *The Times and Northern Advertiser*, Peterborough, South Australia (SA : 1919 - 1950) 30 Jan 1931: 4. Web. 17 Dec 2015 http://nla.gov.au/nla.news-article110541726

16 Pick, Michael, *Be Dazzled!: Norman Hartnell: Sixty Years of Glamour and Fashion*, New York: Pointed Leaf Press, 2007, p. 49.

17 英國作家,《鄉間夫人日記》是她最著名的半自傳體著作,1890-1943。

18 Delafield, E.M., *The Diary of a Provincial Lady* (eBook), e-artnow, 2015.

19 "Evening Glory," *The Inverell Times* (NSW: 1899–1954) May 2, 1938: 6. Web. December 17, 2015. http://nla.gov.au/nla.news-article185833902

20 美國演員,活躍於1930年代,1910-1999。

21 原名阿麗斯‧巴爾頓(Alix Barton, 1903-1993),法國時裝設計師。

22 英國畫家,作品內容多為歷史、聖經和古典題材,1830-1896。

23 "Novelties in Designs for Evening Dress," *The Courier-Mail* (Brisbane, Qld.: 1933–54), December 31, 1945: 5. Web. December 3, 2015. http://nla.gov.au/nla.news-article50255268>

24 Leshner, Leigh, *Vintage Jewelry 1920–1940s: An Identification and Price Guide*, Iola, WI: Krause Publications, p. 10.

25 "Greek Influence," *Daily Mercury* (MacKay, Qld.: 1906–54), 5 March 5, 1945: p. 6. Web. 2November 29, 2015. http://nla.gov.au/nla.news-article170980779

26 Item catalogue and provenance, Swan Guildford, Historical Society, WA.

27 "The Daily Mail," February 6, 1941, "Forget War Modes," from the Digital Archive: Gale–Cengage Learning, The Daily Mail, 2015.

28 *The British Colour Council Dictionary of Colour Standards: A List of Colour Names Referring to the Colours Shown in the Companion Volume*, London: The British Colour Council, 1934.

29 "The Housewife in War Time," March 11, 1943, "The Listener," from the Digital Archive: Gale–Cengage Learning, The Listener, 2015.

第十章

1 Pochna, Marie France, *Christian Dior: The Man Who Made the World Look New*, New York: Arcade Publishing, 1994, p.178.

2 "Woman's World," *Alexandra Herald and Central Otago Gazette*, November 19, 1947, p. 3.

3 Christian Dior, *Christian Dior: The Autobiography*, London: Weidenfeld and Nicolson, 1957, p. 41.

4 Ibid.

5 西班牙時裝設計師，1895-1972。

6 *The Sunday Times* (April 6, 1952), "Transatlantic Fashion Trend," from the Digital Archive: Gale–Cengage Learning, The Sunday Times, 2015.

7 "Women's Suits for Easter in Wide Choice of Colours," March 17, 1948, *The Bend Bulletin*, Oregon, Bend, p. 14.

8 Nunn, Joan, *Fashion in Costume, 1200–2000*, Chicago: New Amsterdam Books, 2000, p. 226.

9 Amies, Hardy, *Just So Far*, London: Collins, 1954, p. 88.

10 "Woman's World," *The Mail* (Adelaide, SA: 1912–54), January 9, 1943: 10. Web. 17 December 17, 2015. http://nla.gov.au/nla.news-article55869851

11 澳大利亞時尚設計師，被譽為澳洲高級時裝界元老，1918-2013。

12 美國演員，1950到60年代最著名的好萊塢明星之一，1932-2011。

13 英國芭蕾舞者，20世紀著名芭蕾舞星，1919-1991。

14 English, Bonnie, and Pomazan, Liliana, *Australian Fashion Unstitched: The Last 60 Years*, New York: Cambridge University Press, 2010, p. 50.

15 Powerhouse Museum item catalogue and provenance, 2003/59/1.

16 "Wedding Bells," *The Central Queensland Herald* (Rockhampton, Qld.: 1930–56), June 25, 1953: 29. Web. December 17, 2015. http://nla.gov.au/nla.news-article77228054

17 Powerhouse Museum item catalogue and provenance, 2003/59/1.

18 Catalogue, Shippensburg Fashion Museum & Archives, Shippensburg, Pennsylvania: #S1984-48-012 Lineweaver.

19 Mitchell, Louise, and Ward, Lindie, *Stepping Out: Three Centuries of Shoes*, Sydney: Powerhouse, 1997, p. 56.

20 "New Patterns Feature Classic and High Style," *The Spokesman-Review*, October 1, 1953, p. 5.

21 Hampton, Mary, "Coat Dress Is Alternate for Suit, Materials, Styles Vary," *The Fresno Bee/The Republican* (Fresno, California), March 27, 1952, p. 28.

22 *The Sydney Morning Herald*, July 20, 1952, p. 8.

23 "Chasnoff pre-Thanksgiving Clearance: Dresses," *The Kansas City Times* (Kansas, Missouri), November 21, 1952, p. 13.

24 Item catalogue and provenance, Swan Guildford Historical Society, WA.

25 "Spring Issues a Call to Colors—and a Pretty Look!" *The Van Nuys News* (Van Nuys, California), March 17, 1952, p. 24.

26 "They Won't Be Crushed," *The West Australian* (Perth, WA: 1879–1954), November 8, 1951: 9. Web. December 17, 2015. http://nla.gov.au/nla.news-article48998780

27 "Dress Sense," *The Australian Women's Weekly* (1933–82), November 17, 1954: 43. Web. December 17, 2015 .http://nla.gov.au/nla.news-article41491009

28 "Fine Wools Featured for Summer Wear in Paris and London," *The Mercury* (Hobart, Tas.: 1860–1954), June 20, 1950: 14. Web. December 17, 2015. http://nla.gov.au/nla.news-article26710285

29 Powerhouse Museum item catalogue and provenance, 89/250.

30 Powerhouse Museum item catalogue and provenance, 89/250.

31 Denis Barnham, 1920-1981，英國作家與畫家。

第十一章

1 Lester, Richard, and Owen, Alun, *A Hard Day's Night*, United Artists, 1964.

2 法國時尚設計師，設計深具現代主義與未來主義色彩，1923-2016。

3 倫敦市西南部一個區域，在1960年代成為最新流行的發展中心。

4 Cochrane, Lauren, *Fifty Fashion Designers That Changed the World*,

London: Conran Octopus: 2015, p. 34.

5 English, Bonnie, *A Cultural History of Fashion in the 20th and 21st Centuries: From Catwalk to Sidewalk*, London: Bloomsbury, 2013, p. 2.

6 *The Daily Mail* (Friday October 28, 1960), "Unstoppable . . . This March of Women in Trousers," from the Digital Archive: Gale–Cengage Learning, Illustrated London News, 2015.

7 義大利時尚設計師與政治人物，以色彩豐富的幾何印花著名，1914-1992。

8 英國時尚設計師，從家飾設計跨足服裝設計與生產，1925-1985。

9 英國時尚設計師，活躍於二次大戰與戰後時期，1907-1976。

10 *A Sense of Style: Shippensburg University Fashion Archives & Museum Newsletter*, no. 51, Spring 2015, p. 8.

11 "Women's Club Tea Spiced With Talk By Local Fashion Adviser," *The Daily Mail* (Hagerstown, Maryland), April 14, 1966, p. 8.

12 Miller, Mary Sue, "Strapless Gowns Must Fit Nicely," *Denton Record-Chronicle* (Denton, Texas), November 22, 1965, p. 5.

13 Miller, Mary Sue, "The Now Dress Is the Softest," *The Daily Journal* (Fergys Falls, Minnesota), February 18, 1968, p. 6.

14 "Total Look in Fashions Is Varied," *Statesville Record and Landmark* (Statesville, North Carolina), 28 July 28, 1969, p. 3.

15 Rita Hayworth, 1918-1987，美國演員與舞者，活躍於1940年代。

16 法國時尚設計師，以前衛風格與「太空時代」設計著名，b. 1922。

17 Pitkin, Melanie (Assistant Curator), "Design & Society," Powerhouse Museum, Statement of Significance: 89/250.

18 Ibid.

19 Item catalogue and provenance, Swan Guildford Historical Society, WA.

20 Ibid.

21 "Paris Says . . . Look Ultra-Feminine This Spring Season," *The Australian Women's Weekly* (1933–82), September 1, 1965: 21. Web. December 17, 2015. http://nla.gov.au/nla.news-article46239642

22 John Bates, b. 1938，英國時尚設計師，1960年代英國時尚界「精品店」風潮領導人物之一。

23 即《蘇絲黃的世界》（*The World of Suzie Wong*），由威廉・荷頓（William Holden）與關家蒨主演。

24 Wilson Trower, Valerie, "Cheongsam: Chinese One-Piece Dress,"

Berg Encyclopedia of World Dress and Fashion, Vol. 6: East Asia, http://dx.doi.org/10.2752/BEWDF/EDch6023.

25 Condra, Jill (ed.), *Encyclopedia of National Dress: Traditional Clothing Around the World: Vol. I*, Santa Barbara: ABC-CLIO, 2013, p. 571.

26 Pandit Jawaharlal Nehru, 1889-1964，印度獨立建國後第一任總理，甘地的學生與印度獨立運動重要人物。

27 Item catalogue and provenance, Fashion Archives and Museum, Shippensburg University, #S1979-01-002.

28 盛行於1960年代早期的青年運動，其主張受到神祕主義與東方宗教影響，崇尚回歸自然、實驗性藝術等。

29 "Fashion Tips," *The Indiana Gazette* (Indiana, Pennsylvania), September 7, 1966, p. 8.

30 Item catalogue and provenance, Swan Guildford Historical Society, WA.

31 "Dress Sense," *The Australian Women's Weekly* (1933–82), November 26, 1969: 68. Web. December 17, 2015. http://nla.gov.au/nla.news-article44027834

32 荷蘭畫家，20世紀抽象畫先驅，1872-1944。

33 Item catalogue and provenance, Fashion Archives and Museum, Shippensburg University: #S1981-45-001.

34 指西方社會與西方文化在1920年代的強烈變化，包括經濟蓬勃發展、裝飾藝術與爵士樂盛行、汽車與各種家用電器大規模流行等現象。

35 Smith, Kelly, "Spring Fashion Is a 1920's Flapper," *Standard-Speaker* (Hazleton, Pennsylvania), January 14, 1966, p. 15.

參考書目

Adam, Robert, *Classical Architecture: A Complete Handbook*, New York: Harry Abrams, 1991.

Amies, Hardy, *Just So Far*, London: Collins, 1954.

Amneus, Cynthia, *A Separate Sphere: Dressmakers in Cincinnati's Golden Age, 1877–1922*, Costume Society of America Series, Cincinnati Art Museum/Texas Tech University Press, 2003.

Anderson, Karen, Deese, Martha, and Tarapor, Mahrukh, "Recent Acquisitions: A Selection, 1990–1991," *The Metropolitan Museum of Art Bulletin*, vol. 9, no. 2, Autumn 1991.

Arnold, Janet, Patterns of Fashion: 1660–1860: Vol. 1, Englishwomen's Dresses and Their Construction, London: Macmillan, 1985.

Arnold, Janet, Patterns of Fashion: 1860–1930: Vol. 2, Englishwomen's Dresses and Their Construction, London: Macmillan, 1985.

Arnold, Janet, Patterns of Fashion: 1560–1620: Vol. 3, The Cut and Construction of Clothes for Men and Women, London: Macmillan, 1985.

Ashelford, Jane, *A Visual History of Costume: The Sixteenth Century*, New York: Drama Book Publishers, 1983.

Austen, Jane, *Northanger Abbey*, 1818, Cambridge: Cambridge University Press, 2013.

Aughterson, Kate, *The English Renaissance: An Anthology of Sources and Documents*, London: Routledge, 1998, pp.164-67.

Bell, Quentin, *On Human Finery*, Berlin: Schocken Books, 1978.

La Belle Assemblée, or, Bell's Court and Fashionable Magazine—A Facsimile, London: Whitaker, Treacher and Co., 1831.

Bloomingdale Brothers, *Bloomingdale's Illustrated 1886 Catalogue: Fashions, Dry Goods and Housewares*, New York: Dover Publications, 1988.

Boucher, François, and Deslandres, Yvonne, *A History of Costume in the West*, London: Thames & Hudson, 1987.

Bradfield, Nancy, *Costume in Detail: 1730–1930*, Hawkhurst: Eric Dobby, 2007 (1968).

Brevik-Zender, Heidi, *Fashioning Spaces: Mode and Modernity in Late-Nineteenth Century Paris*, Toronto: University of Toronto Press.

Brooke, Iris, *English Costume of the Seventeenth Century*, London: Adam & Charles Black, 1964.

Byrde, Penelope, *Nineteenth Century Fashion*, London: Batsford, 1992.

Byrde, Penelope, Jane Austen Fashion: Fashion and Needlework in the Works of Jane Austen, Los Angeles: Moonrise Press, 2008.

Cavallo, Adolph S., "The Kimberley Gown," *Metropolitan Museum Journal*, vol. 3, 1970.

Chase, Joanna, *Sew and Save*, Glasgow: The Literary Press, 1941; HarperPress, 2009.

Cochrane, Lauren, *Fifty Fashion Designers That Changed the World*, London: Conran Octopus, 2015.

Conan Doyle, Arthur, *The Adventures of Sherlock Holmes: The Copper Beeches* (1892), in *The Original Illustrated Strand Sherlock Holmes*, Collingdale, PA: Diane Publishing, 1989.

Condra, Jill, *The Greenwood Encyclopedia of Clothing Through World History: 1501–1800*, Westport, CA: Greenwood Publishing Group, 2008.
Condra, Jill (ed.), *Encyclopedia of National Dress: Traditional Clothing Around the World: Vol. I*, Santa Barbara: ABC-CLIO, 2013.

Cotton, Charles, *Essays of Michel Seigneur de Montaigne: The First Volume* (facsimile), London: Daniel Brown, J. Nicholson, R. Wellington, B. Tooke, B. Barker, G. Straban, R. Smith, and G. Harris, 1711, p. 409.

Cumming, Valerie, *A Visual History of Costume: The Seventeenth Century*, London: Batsford, 1984.
Cumming, Valerie, Cunnington, Willett C., and Cunnington, P.E., *The Dictionary of Fashion History*, Oxford: Berg, 2010.

Cumming, Valerie, *Exploring Costume History: 1500–1900*, London: Batsford, 1981.

Cunnginton, Willett, C., *English Women's Clothing in the Nineteenth Century: A Comprehensive Guide with 1,117 Illustrations*, New York: Dover, 1990.

Cunnington, Phyllis, and Willett, C., *Handbook of English Costume in the Seventeenth Century*, London: Faber & Faber (proof copy).

Curtis, Oswald, and Norris, Herbert, *Nineteenth-Century Costume and Fashion, Vol. 6*, New York: Dover, 1998 (1933).

Davenport, Millia, *The Book of Costume: Vol. I*, New York: Crown Publishers, 1948.
Delafield, E.M., *The Diary of a Provincial Lady*, e-artnow, 2015 (e-Book).

De La Haye, Amy, and Mendes, Valerie, *Fashion Since 1900*, London: Thames & Hudson, 2010.

De La Haye, Amy, and Wilson, Elizabeth, *Defining Dress: Dress as Meaning, Object and Identity*, Manchester: Manchester University Press, 1999.

De Winkel, Marieke, *Fashion and Fancy: Dress and Meaning in Rembrandt's Paintings*, Amsterdam: Amsterdam University Press, 2006.

Druesedow, Jean L., "In Style: Celebrating Fifty Years of the Costume Institute," *The Metropolitan Museum of Art Bulletin*, vol. XLV, no. 2, 1987.

English, Bonnie, *A Cultural History of Fashion in the 20th and 21st Centuries: From Catwalk to Sidewalk*, London: Bloomsbury, 2013.

English, Bonnie, and Pomazan, Liliana, *Australian Fashion Unstitched: The Last 60 Years*, New York: Cambridge University Press, 2010.Eubank, Keith, and Tortora, Phyllis G., *Survey of Historic Costume*, New York: Fairchild, 2010.

Fagan, Brian, *The Little Ice Age: How Climate Made History*, New York: Basic Books, 2000.

Fukai, Akiko, *Fashion: The Collection of the Kyoto Costume Institute: A History from the 18th to the 20th Century*, London: Taschen, 2002.

Geddes, Elizabeth, and McNeill, Moyra, *Blackwork Embroidery*, New York: Dover, 1976.

Green, Ruth M., *The Wearing of Costume: The Changing Techniques of Wearing Clothes and How to Move in Them, from Roman Britain to the Second World War*, London: Pitman, 1966.

Hart, Avril, and North, Susan, *Historical Fashion in Detail: The 17th and 18th Centuries*, London: V&A Publications, 1998.

Haweis, Mary, *The Art of Beauty*, New York: Garland Publishing, 1883 (1978).

Hill, John (ed.), *The Diary of Samuel Pepys*, 1666 (Project Gutenberg, e-book).

Koda, Harold, *Goddess: The Classical Mode*, New York: The Metropolitan Museum of Art, 2003.

Koda, Harold, and Bolton, Andrew, Chanel: The Metropolitan Museum of Art, New Haven: Yale University Press, 2005.

Köhler, Carl, *A History of Costume*, New York: Dover, 1963.

Landini, Roberta Orsi, and Niccoli, Bruna, *Moda a Firenze, 1540–1580: lo stile di Eleonora di Toledo e la sua influenza*, Oakville: David Brown Book Company, 2005, p. 21.

Latteier, Carolyn, *Breasts: The Women's Perspective on an American Obsession*, New York: Routledge, 2010.

Le Bourhis, Katell (ed.), *The Age of Napoleon: Costume from Revolution to Empire, 1789–1815*, New York: The Metropolitan Museum of Art/Harry N. Abrams, 1989.

Lee, Carol, *Ballet in Western Culture: A History of Its Origins and Evolution*, New York: Routledge, 2002.

Leshner, Leigh, *Vintage Jewelry 1920–1940s: An Identification and Price Guide: 1920–1940s*, Iola, WI: Krause Publications, 2002.

Leslie, Catherine Amoroso, *Needlework through History: An Encyclopedia*, Westport, CA: Greenwood Press, 2007.

Lewandowski, Elizabeth J., *The Complete Costume Dictionary*, Plymouth: Scarecrow Press, 2011

Luther Hilman, Betty, *Dressing for the Culture Wars: Style and the Politics of Self-Presentation in the 1960s and 1970s*, The Board of Regents of the University of Nebraska, 2015 (e-Book).

McEuen, Melissa, *Making War, Making Women: Femininity and Duty on the American Home Front, 1941–1945*, Athens: University of Georgia Press, 2010.

Mikhaila, Ninya, and Malcolm-Davies, Jane, *The Tudor Tailor: Reconstructing Sixteenth-Century Dress*, London: Batsford, 2006.

Mitchell, Louise, and Ward, Lindie, *Stepping Out: Three Centuries of Shoes*, Sydney: Powerhouse, 1997.

Naik, Shailaja D., and Wilson, Jacquie, *Surface Designing of Textile Fabrics*, New Delhi: New Age International Pvt Ltd Publishers, 2006.

The Needle's Excellency: A Travelling Exhibition by the Victoria & Albert Museum—Catalogue, London: Crown, 1973, p. 2.

The New Monthly Belle Assemblée: A magazine of literature and fashion, January to June 1853, London: Rogerson & Tuxford, 1853.

Nunn, Joan, *Fashion in Costume, 1200–2000*, Chicago: New Amsterdam Books, 2000.

Otavská, Vendulka, *Ke konzervování pohřebního roucha Markéty Františky Lobkowiczové*, Mikulov: Regionální muzeum v Mikulově, 2006, s. 114–120.

Peacock, John, *Fashion Sourcebooks: The 1940s*, London: Thames & Hudson, 1998.

Pepys, Samuel, and Wheatly, Benjamin (eds.), *The Diary of Samuel Pepys, 1666*, New York: George E. Croscup, 1895, p. 305.

Pick, Michael, *Be Dazzled!: Norman Hartnell: Sixty Years of Glamour and Fashion*, New York: Pointed Leaf Press, 2007.

Pietsch, Johannes, *The Burial Clothes of Margaretha Franziska de Lobkowitz 1617*, Costume 42, 2008, S. 30–49.

Polan, Brenda, and Tredre, Roger, *The Great Fashion Designers*, Oxford: Berg, 2009.

Powys, Marian, *Lace and Lace Making*, New York: Dover, 2002.

Randle Holme, *The Third Book of the Academy of Armory and Blazon*, c.1688, pp. 94–96.

Reeder, Jan Glier, *High Style: Masterworks from the Brooklyn Museum Costume Collection at The Metropolitan Museum of Art*, New York: The Metropolitan Museum of Art, 2010. Ribeiro, Aileen, *A Visual History of Costume: The Eighteenth Century*, London: Batsford, 1983.

Ribeiro, Aileen, *Dress in Eighteenth-Century Europe, 1715–1789*, New Haven/London: Yale University Press, 2002.

Ribeiro, Aileen, *Dress and Morality*, Oxford: Berg, 2003. Rothstein, Natalie, *Four Hundred Years of Fashion*, London: V&A Publications, 1984.

Sherrow, Victoria, *Encyclopedia of Hair: A Cultural History*, London: Greenwood Press, 2006.

Steele, Valerie, *Encyclopedia of Clothing and Fashion*, New York: Charles Scribner's Sons, 2005.

Stevens, Rebecca A.T., and Wada, Iwamoto Yoshiko, *The Kimono Inspiration: Art and Art-to-Wear in America*, San Francisco: Pomegranate, 1996.

Stevenson, Burton Egbert, *The Macmillan Book of Proverbs, Maxims, and Famous Phrases*, New York: Macmillan, 1948.

Tarrant, Naomi, *The Development of Costume*, Edinburgh: Routledge/National Museums of Scotland, 1994.
Thornton, Peter, *Baroque and Rococo Silks*, London: Faber & Faber, 1965.

Tortora, Phyllis G., *Dress, Fashion and Technology: From Prehistory to the Present*, London: Bloomsbury, 2015.

Wace, A.J., *English Domestic Embroidery—Elizabeth to Anne*, Vol. 17 (1933) *The Bulletin of the Needle and Bobbin Club*.

Watt, James C.Y., and Wardwell, Anne E., *When Silk was Gold: Central Asian and Chinese Textiles*, New York: Metropolitan Museum of Art, 1997.

Watts, D.C., *Dictionary of Plant Lore*, Atlanta, GA: Elsevier, 2007.

Waugh, Evelyn, *Brideshead Revisited: The Sacred and Profane Memories of Captain Charles Ryder*, London: Penguin, 1982 (1945).

Waugh, Norah, *The Cut of Women's Clothes, 1600–1930*, London: Faber & Faber, 2011 (1968).

Waugh, Norah, *Corsets and Crinolines*, Oxford; Routledge, 2015.

The Workwoman's Guide by a Lady, London: Simkin, Marshall and Co., 1840.

Yarwood, Doreen, *English Costume from the Second Century B.C. to 1967*, London: Batsford, 1967.

Yarwood, Doreen, *European Costume: 4000 Years of Fashion*, Paris: Larousse, 1975.

Yarwood, Doreen, *Outline of English Costume*, London: Batsford, 1977.

Yarwood, Doreen, *Illustrated Encyclopedia of World Costume*, New York: Dover, 1978.

圖片來源

A dress with a wide sailor collar, c.1917–18, author's family archive. p.134, top left

A fashionable ensemble in Cape Town, early 1930s, private collection, p.155, full

Agnolo Bronzino, *A Young Woman and Her Little Boy*, c.1540. Courtesy National Gallery of Art, Washington, D.C., p.6

Anthony van Dyck, *Lady with a Fan*, c.1628. Courtesy National Gallery of Art, Washington, D.C. p.37

Anthony van Dyck, Queen Henrietta Maria with Sir Jeffrey Hudson (detail), 1633. Courtesy National Gallery of Art, Washington, p.38

Anthony van Dyck, Queen Henrietta Maria with Sir Jeffrey Hudson (close-up detail), 1633. Courtesy National Gallery of Art, Washington, p.38, left

Antoine Trouvain, Seconde chambre des apartemens, c.1690–1708, J. Paul Getty Museum, Los Angeles, p.50, left

Appliquéd robe de style, c.1924, Vintage Textile, New Hampshire, p.142, bottom left

Aqua linen day dress, early 1940s, Swan Guildford Historical Society, Australia. Photo: Aaron Robotham, p.161

Aqua linen day dress, early 1940s (detail: buttonhole), Swan Guildford Historical Society, Australia. Photo: Aaron Robotham, p.161, left

Aqua linen day dress, early 1940s (detail: embroidery), Swan Guildford Historical Society, Australia. Photo: Aaron Robotham, p.161, right

A sleeveless day dress worn with brown fringed shawl in Wales, mid-1920s, author's family archive, p.146, right

Attic Geometric Lidded Pyxis, detail, Athens, Greece, courtesy Los Angeles County Museum of Art online Public Access, p.128, left

Auguste Renoir, Mademoiselle Sicot, 1865. Courtesy National Gallery of Art, Washington, D.C., p.89, right

Australian division uniform of the Women's Auxiliary Air Force (WAAF), 1943–45 (detail), Evans Head Living History Society, New South Wales, p.172, right

Black crêpe de chine day dress, c.1920–25, Photo: Aaron Robotham Guildford Historical Society, Australia, p.146

Black satin evening gown, c.1963–65, Fashion Archives and Museum, Shippensburg University, Pittsburgh, p.183

Black silk satin and lace dress, c.1908–12, Image Courtesy and Copyright of Griffith Pioneer Park Museum, Costume Collection. Photographer Gordon McCaw, p.129

Blouse and skirt: portrait by Mathew Brady, USA, c.1865, U.S. National Archives and Records Administration, p.81, right

Bone linen day dress, early 1940s, Swan Guildford Historical Society, Australia. Photo: Aaron Robotham, p.162

Brown silk moiré taffeta afternoon dress, c.1865. Collection: Powerhouse Museum, Sydney. Photo: Marinco Kojdanovski, p.89

Bustle, England, 1885, courtesy Los Angeles County Museum of Art online Public Access, p.97, top right

Cage crinolette petticoats, 1872–75, courtesy Los Angeles County Museum of Art online Public Access. p.97, top left

Cameo, 18th–19th centuries, J. Paul Getty Museum, Los Angeles, p.105, left

Taffeta dress, c.1880, France, courtesy Los Angeles County Museum of Art online Public Access, p.106

Capri pants worn in Rhodes, Greece, late 1950s, private collection, p.181

Caraco jacket, 1760–80, courtesy Los Angeles County Museum of Art online Public Access, p.48, left

Caspar Netscher, *The Card Party* (details), c.1665, Metropolitan Museum of Art, New York, p.40, right

Chantilly lace scarf, Belgium, 1870s to 1890s, courtesy Los Angeles County Museum of Art online Public Access, p.110, right

Christoffel van Sichem I, *Elizabeth, Queen of Great Britain*, 1570–80 (published 1601), National Gallery of Art, Washington D.C., p.26, full

Circle of Jacques-Louis David, *Portrait of a Young Woman in White*, c.1798, National Gallery of Art, Washington, D.C., p.69, right

Coat and mini dress by Andre Courrèges, 1965, England. Collection: Powerhouse Museum, Sydney. Photo: Andrew Frolows, p.184

Corset, c.1900, courtesy Los Angeles County Museum of Art online Public Access, p.124, left

Cotton dress, c.1790s, Fashion Museum, Bath and North East Somerset Council/Gift of the Misses A. and M. Birch/Bridgeman Images, p.59

Cotton dress, c.1790s (detail: fabric), Fashion Museum, Bath and North East Somerset Council/Gift of the Misses A. and M. Birch/Bridgeman Images, p.59, left

Cotton gown, 1797–1805, © Victoria and Albert Museum, London, p.68

Court Dress, Fashion plate, 1807, courtesy Los Angeles County Museum of Art online Public Access, p.65

Crispijn de Passe I, Queen of England, c.1588–1603. Courtesy National Gallery of Art, Washington, D.C., p.27

Daguerreotype, 1845, J. Paul Getty Museum, Los Angeles, p.85, left

Day dress (round gown), c.1785–90 (France or England), courtesy Los Angeles County Museum of Art online Public Access, p.61

Day dress (round gown), c.1785–90 (detail: sleeve), (France or England), courtesy Los Angeles County Museum of Art online Public Access, p.61, right

Day dress, c.1893–95, Swan Guildford Historical Society, Australia. Photo: Aaron Robotham, p.120

Day dress, c.1922–24, North Carolina Museum of History, Raleigh. Photo: Eric Blevins, p.147

Day dress, c.1922–24 (detail: embellishment), North Carolina Museum of History, Raleigh, p.147, right

Day dress, c.1954, Swan Guildford Historical Society, Australia. Photo: Aaron Robotham, p.176

Day or afternoon dress, c.1900, M22148.1-2, McCord Museum, Montreal, p.123

Day suit by Hardy Amies, c.1950, M967.25.22.1-2, McCord Museum, Montreal, p.172

Denis Barnham, Portrait of Kathleen Margaret Rudman, 1954, Borland Family Archive, p.177

Detail, robe à la française, 1760s, courtesy Los Angeles County Museum of Art online Public Access, p.87, right

Dinner/evening ensemble, c.1935, M991X.1.29.1-2, McCord Museum, Montreal, p.158

Dress, c.1836–1841, M976.2.3, McCord Museum, Montreal, p.84

Dress, c.1836–1841 (detail: embellishments), M976.2.3, McCord Museum, Montreal, p.84, left

Dress, c.1870–73, M971.105.6.1-3, Canada, McCord Museum, Montreal, p.101

Dress, 1897, courtesy Los Angeles County Museum of Art online Public Access, p.122

Dress, 1897 (detail: bodice front), courtesy Los Angeles County Museum of Art online Public Access, p.122, left

Dress, c.1918–19, Kent, England, author's family archive, p.140

Dress, late 1920s, Kästing family archive, p.150, left

Dress of black Chantilly lace and pink satin, c.1888, M20281.1-2, Canada, McCord Museum, Montreal, p.110 and p.111, full

Dress of light blue mousseline de laine, c.1854–55, M973.1.1.1-2, McCord Museum, Montreal, p.86

Dress with exchange sleeves c.1895–96. Collection: Powerhouse Museum, Sydney. Photo: Penelope Clay, p.121

Elisabeth Vigée Le Brun, Marie-Antoinette, after 1783, National Gallery of Art, Washington D.C., p.48, left

Empire-line maxi dresses from the early to mid 1970s, England, author's family archive, p.185, top right

Empire-line maxi dresses from the early to mid 1970s, England, author's family archive, p.185, bottom right

Evening coat of gray satin, Paris, c.1912, M21578, McCord Museum, Montreal, p.133

Evening dress, c.1815, M990.96.1, McCord Museum, Montreal, p.72 and p.17, full

Evening dress, 1868–69, M969.1.11.1-4, Paris, McCord Museum, Montreal, p.90

Evening dress, 1965–70, Swan Guildford Historical Society, Australia. Photo: Aaron Robotham, p.185

Evening dress, c.1873, M20277.1-2, Paris, McCord Museum, Montreal, p.102

Evening dress, 1910-12. Collection: Powerhouse Museum, Sydney. Photo: Jane Townsend, p.130

Evening dress, c.1923. Collection: Powerhouse

Museum, Sydney. Photo: Sotha Bourn, p.148

Evening dress, c.1925–29, Paris. Swan Guildford Historical Society, Australia. Photo: Aaron Robotham, p.149

Evening dress, c.1925–29 (back view), Paris. Swan Guildford Historical Society, Australia. Photo: Aaron Robotham, p.149, right

Evening dress, c.1928, M20222, Paris, McCord Museum, Montreal, p.150 and p.151, full

Evening dress, c.1935–45. Collection: Powerhouse Museum, Sydney, p.159

Evening dress and jacket designed by Cristóbal Balenciaga, 1954, Paris. Collection: Powerhouse Museum Sydney. Photo: Sotha Bourn, p.177

Evening dress inspired by Poiret, Germany, c.1918–20, private collection, p.143, full

Follower of Titian, Emilia di Spilimbergo, c.1560. Courtesy National Gallery of Art, Washington D.C., p.24, right

For women still adjusting to postwar life, dress remained relatively conservative and feminine smartness was expected at all times. c. 1956, England, author's family archive, p.169

Frans Hals, Portrait of a Woman, c.1650, Metropolitan Museum of Art, New York, p.39, right

Frederick Randolph Spencer, Portrait of Lady, United States, 1835, courtesy Los Angeles County Museum of Art online Public Access, p.84, right

Frederic, Lord Leighton, Figure Studies, c.1870–90 (detail). Courtesy National Gallery of Art, Washington D.C., p.160, left

George Haugh, The Countess of Effingham with Gun and Shooting Dogs, 1787, Yale Center for British Art, Paul Mellon Collection, New Haven, Connecticut, p.131, left

George Healy, Roxana Atwater Wentworth (detail), USA, 1876. Courtesy National Gallery of Art, Washington, D.C., p.103, right

German family portrait, c.1915–16, Kästing family archive, p.134, bottom left

Gilbert Stuart, Mary Barry, c.1803–05. Courtesy National Gallery of Art, Washington D.C., p.68, right

"Going away" dress and jacket, 1966, Swan Guildford Historical Society, Australia. Photo: Aaron Robotham, p.186

Green faille dress, c.1952, Fashion Archives and

Museum, Shippensburg University, Pittsburgh, p.174

Green silk dress, c.1845, Fashion Archives and Museum, Shippensburg University, Pittsburgh, p.85

Hats and mantles, fashion plate from "Le Bon Ton: Journal des Modes," Paris, 1837, author's collection, p.67

Hendrik Goltzius, Hieronymus Scholiers, c.1583. Courtesy National Gallery of Art, Washington D.C., p.26, right

Hendrik Goltzius, Portrait of Lady Françoise van Egmond, Holland, 1580, courtesy Los Angeles County Museum of Art online Public Access, p.26, right

Jacobs, William Leroy, Artist. Woman in a Blue Dress. [Between and 1917, 1870] Image. Retrieved from the Library of Congress, 2010716861 (Accessed May 07, 2016), p.144, left

Jacques Wilbaut, Presumed Portrait of the Duc de Choiseul and Two Companions (detail), c.1775, J. Paul Getty Museum, Los Angeles, p.76, left

James McNeill Whistler, The Toilet, 1878, showing the expanse of froth and fills in a fashionable train. National Gallery of Art, Washington D.C., p.99

Jean-Antoine Watteau, Studies of Three Women (detail), c.1716, J. Paul Getty Museum, Los Angeles, p.51, left

Jeanie and Gordon Hogg, c.1946–47. Hogg family archive, p.171, left

Jeanne Lanvin evening dress, 1941, North Carolina Museum of History, Raleigh. Photo: Eric Blevins, p.160

Lanvin evening dress, 1941 (detail: fabric), North Carolina Museum of History, Raleigh. Photo: Eric Blevins, p.160, right

John Bell, fashion plate (carriage visiting costume), England, 1820, courtesy Los Angeles County Museum of Art online Public Access, p.73, right

John Smith after Jan van der Vaart, Queen Mary, 1690. Courtesy National Gallery of Art, Washington, D.C., p.43, left

Joseph B. Blackburn, Portrait of Mrs. John Pigott, c.1750, courtesy Los Angeles County Museum of Art online Public Access, p.9, left

Silk twill robe à l'anglaise, France, c.1785 (detail: bodice front), courtesy Los Angeles County Museum of Art online Public Access, p.56, left

Silk twill robe à l'anglaise, France, c.1785 (detail: back skirt construction), courtesy Los Angeles County Museum of Art online Public Access, p.54, right

Silk velvet gown, c.1550–60, Museo di Palazzo Reale, Pisa, p.24

"Silver tissue dress," c.1660, Fashion Museum, Bath and North East Somerset Council/Lent by the Vaughan Family Trust/Bridgeman Images, p.40

"Silver tissue dress," c.1660 (detail: close-up), Fashion Museum, Bath and North East Somerset Council/Lent by the Vaughan Family Trust/Bridgeman Images, p.40, left

Similar light summer dresses in the German countryside, 1903, p.127, left

Spencer jacket and petticoat, 1815, courtesy Los Angeles County Museum of Art online Public Access, p.71

Stomacher detail, robe à la française, c.1745, courtesy Los Angeles County Museum of Art online Public Access, p.52, right, and p.109, top left

Striped silk taffeta wedding dress, c.1869–75, Swan Guildford Historical Society, Australia. Photo: Aaron Robotham, p.91

Striped silk taffeta wedding dress, c.1869–75 (detail: peplum), Swan Guildford Historical Society, Australia. Photo: Aaron Robotham, p.91, top right

Striped silk taffeta wedding dress, c.1869–75 (detail: skirt hem), Swan Guildford Historical Society, Australia. Photo: Aaron Robotham, p.91, bottom right

Studio of Gerard ter Borch the Younger, *The Music Lesson*, c.1670. Courtesy National Gallery of Art, Washington D.C., p.33, full

Suit, c.1918, M2004.163.1.1-2, McCord Museum, Montreal, p.139

Suit by Hardy Amies, 1947, M970.26.54.1-2, McCord Museum, Montreal, p.171

Summer day dress, 1954, Swan Guildford Historical Society, Australia. Photo: Aaron Robotham, p.175

Summer dress, 1830, courtesy Los Angeles County Museum of Art online Public Access, p.75

Summer dress, 1830 (detail: skirt embroidery), courtesy Los Angeles County Museum of Art

online Public Access, p.75, right

Summer dress, c.1904–07, Fashion Archives and Museum, Shippensburg University, Pennsylvania, p.127

Summer dress, c.1908, M984.150.34.1-2, McCord Museum, Montreal, p.128

Taffeta day dress, 1823-25, M20555.1-2, McCord Museum, Montreal, p.73

Taffeta day dress, 1825. Collection: Powerhouse Museum, Sydney. Photo: Andrew Frolows, p.74

Taffeta dress, c.1885, France, courtesy Los Angeles County Museum of Art online Public Access, p.109

Taffeta dress, c.1885 (detail: bodice front), France, courtesy Los Angeles County Museum of Art online Public Access, p.109, top left

Tea gown by Mariano Fortuny, c.1920–29, North Carolina Museum of History, Raleigh. Photo: Eric Blevins, p.145

The original owner of the dress and a friend, Perth, Australia, mid 1950s, Swan Guildford Historical Society, Australia, p.176, right

Thomas Gainsborough, Anne, Countess of Chesterfield, c.1777–78, J. Paul Getty Museum, Los Angeles, p.57, left

Three-piece tailored costume, c.1895, courtesy Los Angeles County Museum of Art online Public Access, p.115, full

Trimming (robings) on the overskirt of a robe à l'anglaise, England, c.1770–80, courtesy Los Angeles County Museum of Art online Public Access, p.130

Tsukioka Yoshitoshi (1839–92), *Preparing to Take a Stroll: The Wife of a Nobleman of the Meiji Period*, 1888, Los Angeles County Museum of Art, p.133, left

Two-piece dress, c.1855, courtesy Los Angeles County Museum of Art online Public Access, p.87

Two-piece dress, c.1855 (detail: sleeve), courtesy Los Angeles County Museum of Art online Public Access, p.87, left

Unknown, Portrait of a Woman, daguerreotype, 1851, J. Paul Getty Museum, Los Angeles, p.86, right

Unknown, Portrait of a Young Woman, 1567, Yale Center for British Art, New Haven, Connecticut, p.25

Utagawa Kuniyoshi, *Osatao and Gonta* (detail), Japan, 19th century, courtesy Los Angeles County Museum of Art online Public Access, p.129, right

"Walking dress," 1815, France, from La Belle Assemblée, author's collection, p.71, right

Wedding dress, c.1850-60, Swan Guildford Historical Society, Australia. Photo: Aaron Robotham, p.88

Wedding dress, 1884, M968.4.1.1-2, McCord Museum, Montreal, p.108

Wedding dress c.1890, M21717.1-2, McCord Museum, Montreal, p.119

Wedding dress, 1905, Manning Valley Historical Society, New South Wales, p.125

Wedding dress, 1905 (detail: side), Manning Valley Historical Society, New South Wales, p.125, left

Wedding dress, 1905 (detail: bodice back), Manning Valley Historical Society, New South Wales, p.125, right

Wedding dress, c.1907, M2001.76.1.1-3, McCord Museum, Montreal, p.126

Wedding dress, 1952. Collection: Powerhouse Museum, Sydney. Photo: Nitsa Yioupros, p.173

Wedding photograph, May 1950, author's family archive, p.173, left

Wedding suit, 1961, UK, author's collection, p.15

Wenceslaus Hollar, Full figure of woman wearing ruffled collar and wide-brimmed hat, 1640, Library of Congress, Washington D.C., reproduction number: LC-USZ62-49999, p. 39

William Dobson, *Portrait of a Family*, c.1645, Yale Center for British Art, New Haven, Connecticut, p.31, top

Woman's Cage Crinoline. England, circa 1865, courtesy Los Angeles County Museum of Art online Public Access, p.83, right

Woman's corset, petticoat and sleeve plumpers, c.1830–40, courtesy Los Angeles County Museum of Art online Public Access, p.75, left

Woman "Peplophoros," marble, 1st Century B.C. (Hellenistic), The Walters Art Museum, Baltimore, p.144, right

Woman's Suit, 1912, M976.35.2.1-2, McCord Museum, Montreal, p.132

Woman's suit, wool, c.1898–1900, M977.44.2.1-2, McCord Museum, Montreal, p.131

Woman's three-piece costume, c.1915, M983.130.3.1-3, McCord Museum, Montreal, p.134 and p.135, full

Yellow crepe dress, 1960s–early 1970s, Fashion Archives and Museum, Shippensburg University, Pittsburgh, p.189

圖解
古典洋裝全圖解：鯨骨、臀墊、寶塔袖，深度解密的絕美華服史

2019年4月初版　　　　　　　　　　　　　　　　定價：新臺幣480元
2023年12月初版第六刷
有著作權・翻印必究
Printed in Taiwan.

著　　　者	Lydia Edwards		
譯　　　者	張　毅　瑄		
叢書主編	李　佳　姍		
校　　　對	馬　文　穎		
	陳　佩　伶		
封面設計	謝　佳　穎		

出　版　者	聯經出版事業股份有限公司	副總編輯	陳　逸　華
地　　　址	新北市汐止區大同路一段369號1樓	總編輯	涂　豐　恩
叢書主編電話	(02)86925588轉5320	總經理	陳　芝　宇
台北聯經書房	台北市新生南路三段94號	社　　長	羅　國　俊
電　　　話	(02)23620308	發行人	林　載　爵
郵政劃撥帳戶第0100559-3號			
郵撥電話	(02)23620308		
印　刷　者	文聯彩色製版印刷有限公司		
總　經　銷	聯合發行股份有限公司		
發　行　所	新北市新店區寶橋路235巷6弄6號2樓		
電　　　話	(02)29178022		

行政院新聞局出版事業登記證局版臺業字第0130號

本書如有缺頁，破損，倒裝請寄回台北聯經書房更換。　　ISBN　978-957-08-5288-2　(平裝)
聯經網址：www.linkingbooks.com.tw
電子信箱：linking@udngroup.com

國家圖書館出版品預行編目資料

古典洋裝全圖解：鯨骨、臀墊、寶塔袖，深度解密的
絕美華服史/ Lydia Edwards著．張毅瑄譯．初版．新北市．聯經
2019年4月（民108年）．216面．19×24.6公分（圖解）
譯自：How to read a dress: a guide to changing fashion from the 16th to
　　　the 20th century
ISBN　978-957-08-5288-2（平裝）
[2023年12月初版第六刷]

1.女裝　2.衣飾　3.歷史

538.12　　　　　　　　　　　　　　　　　108003750